本研究受重庆市软科学计划项目(编号：CSTC2011CX-RKXA0062)
和第三军医大学人文社科基金重点项目(2011XRW20)资助

企业供应链
纵向合作创新机制研究

皮　星◎著

QIYE
GONGYINGLIAN
ZONGXIANG HEZUO CHUANGXIN JIZHI YANJIU

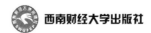
西南财经大学出版社

图书在版编目(CIP)数据

企业供应链纵向合作创新机制研究/皮星著. —成都:西南财经大学出版社,2014. 12

ISBN 978 - 7 - 5504 - 1699 - 4

Ⅰ. ①企… Ⅱ. ①皮… Ⅲ. ①企业管理—供应链管理—研究②企业管理—经济合作—研究 Ⅳ. ①F274②F273. 7

中国版本图书馆 CIP 数据核字(2014)第 285252 号

企业供应链纵向合作创新机制研究

皮星 著

责任编辑:植　苗
助理编辑:傅倩宇
封面设计:墨创文化
责任印制:封俊川

出版发行	西南财经大学出版社(四川省成都市光华村街55号)
网　址	http://www. bookcj. com
电子邮件	bookcj@ foxmail. com
邮政编码	610074
电　话	028 - 87353785　87352368
照　排	四川胜翔数码印务设计有限公司
印　刷	郫县犀浦印刷厂
成品尺寸	148mm × 210mm
印　张	6. 75
字　数	200 千字
版　次	2014 年 12 月第 1 版
印　次	2014 年 12 月第 1 次印刷
书　号	ISBN 978 - 7 - 5504 - 1699 - 4
定　价	48. 00 元

内容简介

随着信息时代的到来，技术的升级换代越来越快，技术的生命周期变得越来越短，对企业的技术创新要求越来越高，信息时代背景下的技术创新已经开始成为提升企业核心竞争力的重要因素。由于技术创新本身的不确定性风险和巨大投入，使得单个企业仅仅依靠自身技术和资源进行创新的风险不断加大。而合作创新因其具有实现资源互补、分摊成本和风险、形成协同的优势，愈来愈多的企业选择采用合作的方式进行研发活动，原来单个企业的技术创新正在代之于企业间的合作创新，合作创新（Cooperative Innovation）正在成为企业核心竞争力主要源泉。

但是，在合作创新过程中，合作的多方不可避免地存在着道德风险和技术溢出的情况，因而，在研究道德风险和技术溢出背景下，居于供应链上的多方企业，如何通过设计有效的合作创新机制，来激励创新行为，实现可持续合作创新，成为研发领域的重要议题。

本书主要运用机制设计理论和博弈论等理论与方法，研究了道德风险和技术溢出背景下的企业合作创新机制，包括：供应链合作创新序列机制研究、供应链纵向合作创新策略及成本分摊机制研究、双向溢出效应的供应链纵向合作创新机制设计等，探寻合作方的研发行为及其作用机理，激发合作方的创新动力，提升企业合作创新效能，增强企业核心竞争力。

本书还运用了案例研究方法，研究了我国手机产业的创新发展案例，力求从实务的角度来分析我国手机产业创新的特点和发展规律，以便给未来我国其他高技术产业发展提供理论思考的实务基础。

本书可为企业、科研院所、高校以及政府科研管理部门的策略或政策制定提供理论指导，也可为理论研究者提供参考。

前　言

　　本书是重庆市软科学计划项目（编号：CSTC2011CX-RKXA0062）以及第三军医大学人文社科基金课题（编号：2011XRW20）的阶段性研究成果之一。

　　随着信息技术的长足发展，市场竞争日益激烈，导致产品和技术的生命周期日益缩短，对企业的技术创新要求越来越高，技术创新已经开始成为提升企业核心竞争力的重要因素。企业技术创新主要存在三种形式：企业内部独立技术创新，外部技术市场购买以及合作创新。由于技术创新本身的不确定性风险和巨大投入，单个企业仅仅依靠自身有限的技术和资源进行技术创新，其所面临的风险和资源压力会不断加大。而合作创新因其具有实现资源互补、分摊成本和风险、形成协同、获得政府的资金和政策支持等优势，愈来愈多的企业选择采用合作的方式进行研发活动，原来单个企业的技术创新正被企业间的合作创新所取代，合作创新（Cooperative Innovation）正在成为企业核心竞争力主要源泉。

　　但是，由于道德风险的存在，以及利益分配或成本分摊的不合理，合作创新关系在建立 6 个月内即宣告失败的比率高达 60%，我国以往建立的合作创新成功率也只有 50% 左右。因此，如果可以通过选择合理的利益分配方式或成本分摊机制，设计出一种有效的合作创新机制，促使合作成员自愿放弃投机行为，将大大提高合作创新的效率和竞争力。

针对道德风险和利益分配或成本分摊的不合理导致我国合作创新效率低下、失败率高的现状，本书研究了如何通过合理的利益分配方式、成本分摊方式和合作方式选择，设计出符合实际的合作创新机制，应对供应链纵向合作创新的双边道德风险，促使合作成员真实披露其私人信息、提高技术创新投入或付出应有努力，促进供应链企业合作创新的成功，为供应链企业以及政府科研管理部门的策略或政策制定提供理论指导。

全书共有十章。

第一部分，是本书的总论部分，包括第一章"概论"和第二章"合作创新的研究现状"，主要介绍本书研究的目的、方法和内容，阐述国内外合作创新相关理论研究的现状和动态。

第二部分，是本书关于供应链上合作创新的机制设计的理论研究部分，包括第三章"双边道德风险下的供应链合作创新序列机制研究"，第四章"供应链纵向合作创新策略及成本分摊机制研究"，第五章"双向溢出效应下的供应链纵向合作创新机制设计"和第六章"混合溢出效应下的供应链纵向合作创新机制设计"。

其中，第三章的内容主要是考虑上游研发企业和下游企业之间合作创新存在双边道德风险的情况下，合作双方之间如何通过设计不可协商契约中的序列机制，促使交易各方提供自己的私人信息，防范履约过程中的道德风险，从而使合作创新的各方放弃投机行为，在真诚互信的基础上，提高专用性资产投资水平，实现合作创新的良性发展。

第四章的内容主要研究了由一个上游寡头垄断企业和多个下游企业组成的二级供应链系统中，上、下游企业合作进行技术创新的投资策略，提出了两种成本分摊机制，分析了供应链中所有企业的利润以及最终产品（下游企业产品）消费者的消费者剩余的变化情况，即合作创新会提高合作中的所有企业的利润，增加消费者剩余，但是会降低合作之外的下游企业利润。

第五章主要考虑合作创新同时具有纵向和横向溢出效应，建立了六种合作方式下的供应链合作创新博弈模型，研究了不同合作形式下的企业创新投入和产量决策，以及相应的社会福利变化情况。研究显示，产业间纵向合作创新和上游产业内横向合作创新有利于提高企业创新投入、最终产品产量，对企业利润的影响不确定；产业间纵向溢出效应和上游产业内的横向溢出效应则会提高企业创新投入、最终产品产量和社会福利。政府应鼓励和扶持上游企业的横向合作和产业间的纵向合作，必要时对其进行补贴，并促进创新成果扩散，提高溢出效应，激励企业增加创新投入和最终产品产量，提高社会福利。

第六章的内容主要考虑合作创新既存在外生溢出，又存在内生溢出，即存在混合溢出条件下，建立了供应链上、下游企业纵向合作创新博弈模型，研究了双方在不合作、半合作以及完全合作等形式下的合作策略，并为促进双方完全合作提出了一种利润分配机制。研究表明，三种合作方式下的企业最优内生溢出均为其最大溢出水平，企业研发投入、成果、利润、最终产品产量，以及消费者剩余和社会福利在完全合作下最大，不合作下最小。

第三部分，是本书关于中国手机产业的创新与竞争案例研究，包括第七章"搅局者联科发"，主要分析了基带芯片的龙头企业联科发的成功案例；第八章"雄霸市场的山寨手机"，主要分析了我国山寨手机崛起和衰落的过程，并探讨了背后的主要原因；第九章"智能时代的小米"，主要分析了在3G时代，以小米为首的智能手机的崛起历程，研究了小米成功的主要原因和面临的风险。总之，第三部分，侧重从供应链的角度，分析手机厂商合作创新和竞争的成功关键，为广大实务工作者提供一个鲜活的研究标本，并为广大管理人士提供研究参考。

第四部分，是本书的总结部分，即第十章"结论与展望"，主要介绍本书的研究成果及未来的研究方向。

本书在写作过程中参考了大量文献，已尽可能地列在书后的参考文献中，但其中仍难免有遗漏，这里特向被遗漏的作者表示歉意，并向所有的作者表示诚挚的谢意。

本书由于撰写仓促，纰缪之处，敬请大雅指正。

皮　星

2014 年 10 月

目　录

1 概论

1.1 研究背景、目的及意义

1.1.1 研究背景

（1）合作创新正在成为企业技术创新的重要方式

近年来，随着信息技术的广泛应用，以及经济全球化的影响，企业的产品周期和寿命正在缩短，以手机设计为例，2000年，日本企业50人花2~3个月的时间设计一款手机。到了2009年，在手机设计行业中排名深圳前5位的香港凯信通讯科技（Caixon）公司，30个人一年设计了1 000款手机，每款手机的开发时间平均仅为1个半月，即手机设计周期缩短为40~50天。根据美国国家计划委员会的研究，美国在1990年新技术的研发需要35.5个月，而到了1995年新技术的研发则只需要23个月。随着产品周期的缩短，市场竞争日益激烈，技术创新越来越成为企业核心竞争力的源泉与持续发展的动力。

一般而言，企业技术创新主要存在三种形式：企业内部独立研发、外部技术市场购买、企业同外部组织的合作创新。合作创新对于企业的重要意义在于：实现产、学、研之间的资源优势互补与整合；分摊高额技术创新成本，分散创新风险；将创新成果内部化，减少技术溢出，提高合作各方的收益率；降低技术交易成本；促进企业学习需要的隐性知识和技术，提升企业的技术创新能力；有助于争取政府的资金和政策支持（包括政府的研发补贴，反垄断措施的放松等）；实现规模经济和范围经济效益。总之，合作创新能够实现合作企业资源的优化配置，提高创新效率，增强企业的技术创新能力和竞争力。因此，愈来愈多的企业与大专院校、研发机构、各行业协会及其他企业结成不同形式的合作创新进行合作研发（Wu J，Callahan J. Motive，2005）。

从20世纪80年代以来，合作创新呈现逐年递增的趋势。美国产业研究协会（IRI）的调查预测显示，美国合作研发组织的数量在1993年至1998年间以每年39%~52%的速度增长，企业向大学研究开发的捐助投资以每年12%~23%的速度增长，且呈逐年递增的趋势（Industrial Research Institute，1998）。在2000年，全球新建立的技能型战略联盟则超过了10 200个（Sadowski B，Duysters G，2008）。同时，合作创新得到了世界各国政府的重视，降低了对合资研究企业的反垄断要求，并提供财政补贴鼓励企业间的合作研发。

20世纪80年代初，美国企业生产率增长缓慢，在一些关键的高技术产业领域美国企业的国际竞争力相对下降，日本、德国等国家在许多产业领域尤其是高技术产业领域对美国造成了强大的竞争压力。美国产业界、学术界和政界普遍认为，通过加强各部门在技术创新方面的合作是增强美国产业竞争力的重要手段。随即在20世纪80年代初，美国出台了一系列重要的法律法规和政策措施来鼓励企业合作创新。例如，美国国会于1984年通过的国家合作研发法案（NCRA），以及1993年通过国家合作研发和生产法案（NCRPA），降低了企业合作研发的反垄断条件，为行业性的合作研发组织和机构，例如半导体技术合作研究组织（SEMATECH）提供高额的财政补贴，制订和实施了一系列旨在鼓励企业合作研发的科技计划，如先进技术计划（ATP）。这些法律法规和政策措施，极大地扩大了美国合作创新的范围和规模，有效地推进了合作创新发展，为美国近三十年的经济增长做出了重要贡献（吴秀波，2006）。

合作创新对我国企业的可持续增长具有重要意义。据统计资料显示，1999 年以后，我国大中型工业企业科技机构数量一直保持下降趋势。2003 年，在全国 22 276 家大中型工业企业中，只有 24.9%的企业设有科技机构，科技机构总数为 6 841 家，分别比 2002 年减少 5.1%和 4.9%。由于我国企业自主创新能力比较欠缺，因而大力推进技术合作创新，可以有效地实现双方的资源互补、分摊巨额的研发费用、分散技术创新风险，对于增强我国产业整体技术能力、提升我国产业结构、建设创新型国家具有重要意义。

（2）合作创新存在障碍

合作创新已经成为企业技术创新的重要手段，近三十年来结成伙伴关系的企业数量增加迅猛，但由于现实经济生活存在不确定性，企业合作创新过程中存在着各种阻碍。合作创新成功的比例非常低。对 880 家合作创新组织的研究表明，仅仅 45%的合作组织做到了对所有合作伙伴而言是成功的（Harrigan，1988）。对英国 106 家信息技术与通信企业的研究显示，40%以上的企业认为在新产品开发中的合作与独立开发相比是费时的和复杂的（littler、Leverick 和 Bruce，1995）。对瑞典工业界 400 家公司的调查得出了相似的结果，这份调查结果表明只有 25%的企业在生产过程中做到了与供应商以及服务商合作，40%的人对合作持有否定的态度。上述研究结果显示，合作创新的失败率比较高，仅 40%~60%的企业实现了他们的合作目标。就合作创新的绩效而言，子公司比合作创新更为成功也更为稳定（Marxt、Staufer 和 Bichsel，1998）。

由于我国的企业合作创新面临着以上问题，特别是相较发达国家而言，我国合作创新的政策法规还不完备，不能很好地支持合作创新。因而，导致我国企业的技术合作创新失败率高达 50%以上，居高不下的失败率已经严重地挫伤了企业进行合作创新的积极性（陈一君，2004）。

（3）双边道德风险和技术溢出是影响合作创新的重要因素

影响企业合作创新成功的因素主要有：

①双边道德风险。在合作创新过程中，由于技术创新契约的不完全性、合作各方私人信息的不对称性以及合作创新管理机制的缺陷性，导致合作创新过程中双边道德风险客观存在，即合作各方从自身利益最大化的立场出发，采取机会主义行动，降低自身专用性资产的投入或减弱自身努力程度，导致合作创新难以成功（Bergmann R 和 Friedl G，2008）。

②合作创新各方的利益分配或成本分摊，包括合作创新的成本分配、效益分配以及风险分配等。企业进行合作创新的终极目的是要获得自身预期利润，而合作创新利润受制于成本、利益、风险的承担等情况。如果成本、利益、风险分配不合理，将会影响到各自研发投入和努力程度，降低合作创新效率，最终使合作创新难以成功（詹美求和潘杰义，2008）。

③社会信用体系。若社会已建立完善的信用体系，合作成员投机行为会影响其今后业务，这可降低合作道德风险，否则将因成员的投机行为导致合作创新难以成功（Krishnan R、Martin X 和 Noorderhaven N. G，2006）。

④技术潜在价值。合作创新中普遍存在知识估价的模糊性，这将使得合作成员的贡献难以精确衡量，进而导致合作创新难以成功（Todeva E 和 Knoke D，2005）。

⑤成员知识层次。合作创新各成员的技术吸收、消化和再

创新能力差别巨大，因而对同一技术的认知也不同，成员之间很难达成共识，这会导致合作创新难以成功（Rudi B，2002）。

综上所述，双边道德风险、利益分配或成本分摊是导致合作创新不稳定的最主要的因素，如果能通过选择合理的利益分配方式或成本分摊机制，设计出一种有效的合作创新机制，促使合作双方成员自愿放弃投机行为，将大大增强专用性资产的投入，加大努力程度，最终提高合作创新的效率和竞争力。

1.1.2 研究目的及意义

本书针对双边道德风险、利益分配或成本分摊不合理导致我国合作创新效率低下的情况，以及现有相关研究的欠缺之处，设计出具有可操作性的合作创新机制，实现利益合理分配、成本合理分摊，有效防范合作创新的双边道德风险，促使合作各方如实披露其私人信息、增加研发投入或提升努力程度，促进合作创新的成功。本书的研究具有以下理论意义和现实意义：

（1）在理论上可以进一步丰富合作创新领域的研究内容

本书运用博弈论和机制设计理论，结合国内外已有研究成果，构建了存在双边道德风险、技术双向溢出效应或技术混合溢出效应等不同条件下的合作创新博弈模型，找出不同条件下的最优利益分配方式、成本分摊机制和合作方式，设计出适用的合作创新机制，从而丰富合作创新、机制设计理论等领域的研究内容。

（2）在实践上能为提高我国企业自主创新能力提供新思路和新方法

本书的研究成果在实践中能为企业进行合作创新提供理论依据，并为政府经济、科研管理部门制定相关政策提供参考，从而提高我国企业与企业、企业与研发机构之间合作创新的成功率、效率和竞争力，提升我国企业的自主创新能力，进而提高我国企业的国际竞争能力，最终增强我国产业整体技术实力和竞争力。

综上所述，本书的研究在理论上将丰富合作创新领域的研究内容；在实践上，将促进合作创新成功，提高合作创新效率和竞争力，为提高企业自主创新能力提供新思路和新方法。

1.2　研究对象的界定

1.2.1　合作创新的界定

在第一次世界大战期间，为了解决大战期间产生的各种技术问题，以及缓解技术创新中资金紧张的局面，英国于 1917 年建立的"研究协会"（Research Association），这是已知的最早的合作创新形式。协会采用的组织结构是以行业为单位、主要由中小企业参与的永久联合体。此后，这种合作性的技术创新组织形式逐渐传播到美国和日本等国家，并得到了不断地发展与完善（Dunning 和 Lundan，2009）。特别是 20 世纪 80 年代以来，为了应对全球竞争、技术创新周期缩短，合作创新成为企业提高创新竞争能力的重要策略选择（Arku，2002）。

（1）合作创新的定义

有关合作创新的定义，各国学者依据其所研究的范围及研究的目的有不同的阐释。有的学者认为合作创新是指参与企业设立一个共同研究室，在共同研发之前，协议共同分摊研究所需要花费的成本及共同分享研发成果（Katz，1996）。有的学者则认为合作创新是指由两家或以上的企业组成，来共同进行研发工作，而将研究成果直接转移给成员，并进行商品化的应用（Dinnee，1988）。也有学者认为合作创新是指两个以上的竞争

企业，将他们的资源整合，产生一个新的合法个体以从事研发
（Hagedoorn 和 Narula，1996）。还有学者认为合作创新是指企业
间为了共同目标（如开发产品，流程创新等）而进行的合作计
划（Mothe 和 Queilin，2001）。我国学者认为企业合作创新是指
企业通过与其他企业、事业单位或个人等建立联盟契约关系，
在保持各自相对独立的利益及社会身份的同时，在一段时间内
协作从事技术或产品项目研究开发，在实现共同确定的研发目
标的基础上实现各自目标的研发合作方式（李东红，2002）。合
作创新以合作伙伴的共同利益为基础，以资源共享或优势互补
为前提，合作各方在技术创新的全过程或某些环节共同投入、
共同参与、共享成果、共担风险。

（2）合作创新的特征

合作创新既具有企业独自开展研发的一般特点，又具有自
身特性，主要概括为以下几点：

①合作创新具备节约企业技术创新费用的性质；

②合作创新具备快速抢占市场和获得战略优势的性质；

③合作创新具备组织学习的性质；

④合作创新具备实现资源优势互补，塑造企业核心技术能
力的性质（López A，2008）。

（3）合作创新的形式

根据合作对象的不同，合作创新包括供应链合作创新、产
业内合作创新以及产学研合作创新等形式。

（4）本书对合作创新的界定

本书认为合作创新是两个或两个以上的独立经济行为主体，
为了实现技术创新的目的，以合作伙伴的共同利益为基础，以
资源共享或优势互补为前提，依据共同协议（包括正式契约与
非正式契约），在特定时间内，联合从事新产品、新技术研发的
创新活动，共同投入、共同参与、共享成果、共担风险。本书

只对供应链合作创新进行研究。

1.2.2 道德风险的定义及特征

（1）双边道德风险的定义

Arrow 最早提出道德风险（Moral Hazard）这一概念（Arrow，1971）。道德风险是指："从事经济活动的人在最大限度地增进自身效用时作出不利于他人的行动。"（Cabral，2009）道德风险出现的情况有：由于不确定性和不完全的或有限制的契约使负有责任的经济行为者不能承担全部损失（或利益），因而他们不承受其行动的全部后果，同样的，也不享受行动的所有好处（Kotowitz，1987）。

双边道德风险问题最早是 Reid 在研究农地承租契约机制设计中提出来的（Reid，1977）。对双边道德风险的定义是，由于交易双方信息不对称，可能产生双边道德风险，即双边道德风险就从事经济活动的双方，由于信息不对称，都为了自身利益的最大化，而作出对对方不利的机会主义行动（Coopert 和Ross，1985）。这就为双边道德风险在经济研究领域中的广泛应用提供了基础性研究，以致后期被扩展到产品担保契约（Demski 和 Sappington，1991）、加盟连锁店契约（Mathewson 和Wintel，1985）等。

（2）双边道德风险的特征

双边道德风险体现为经济主体的机会主义行为，通常具有以下几个特征：①是追求利益最大化的自私行为，通常以损害合作伙伴的利益来获取自身的利益；②通常是一种只顾眼前利益的投机行为，会损害与交易伙伴的长期关系；③在形式上与交易契约的要求不相符合的；④通常是以欺诈的手段来实施的；⑤会对合作效率产生极大影响，甚至直接导致合作失败。

（3）本书对双边道德风险的界定

本书将双边道德风险界定为：由于契约的不完全性和信息的不对称性，拥有不同私人信息优势的各方采取投机行为，从自身利益最大化的角度出发，通过降低努力程度、欺诈等手段以其他签约方的损失为代价来获取自己的利益。

1.2.3 合作创新道德风险的界定

（1）合作创新双边道德风险表现形式

基于合作创新和双边道德风险的定义和特征以及国内外有关合作创新的研究文献，本书认为合作创新双边道德风险表现形式主要有：①减少研发资源投入或努力程度；②隐瞒或谎报私人信息；③泄露合作伙伴知识或技能；④窃取合作伙伴核心技术或商业秘密；⑤通过合作创新"挖"合作伙伴核心技术人才；⑥低估研发成果价值；⑦恶意稀释合作伙伴的技术股份比例以获取控制权等。

（2）合作创新双边道德风险的根源

本书认为合作创新双边道德风险主要有以下几个：①合作创新的自身特征，包括信息的非对称性、信息的不完全性和技术的公共物品属性等；②宏观层面的原因，包括技术市场的不完善和法律惩罚机制的不完善；③微观层面的原因，包括风险共担、合作伙伴选择不当以及利益分配不均或激励不足等（Hinloopen 和 Vandekerckhove，2009）。

（3）本书对合作创新双边道德风险的界定

本书所研究的合作创新双边道德风险主要是参与合作创新的双方成员在合作过程中通过降低其研发专用性资产投入或减少努力程度的"偷懒"行为，或隐瞒或谎报私人信息的投机行为，以合作伙伴利益损失为代价获取超额利润。

1.2.4 溢出效应的界定

（1）溢出效应的定义及分类

溢出效应是指通过技术的扩散，促进了其他企业技术和生产力水平的提高，是经济外在性的一种表现（Cabrer-Borras 和 Serrano-Domingo，2007）。按溢出效应是否可控，可以分为：①由反求工程、产业间谍或雇用创新企业员工所导致的非自愿、不可控的外生溢出；②由于企业向外发布技术信息，或者与其他企业进行技术交流等所引起的自愿的、可控制的内生溢出（Tesoriere A，2008）。按照溢出发生的阶段，可分为：①成果溢出，即在企业研发取得成功后，因其他企业采用反求工程等技术而导致的溢出；②投资溢出，即在研发过程中由企业间研发信息的交流，研发人员的流动所引起的溢出（Hinloopen 和 Vandekerckhove，2009）。

（2）本书对溢出效应的界定

本书所考虑的溢出效应指的在企业合作创新取得成功后，因其他企业采用招聘核心专业人才、反求工程技术等手段获得创新成果而导致的技术溢出。

1.3 研究内容

本书主要运用机制设计理论，从供应链纵向合作创新层面的角度，即通过选择合适利益分配方式、成本分摊机制或合作方式，设计出新的供应链纵向合作创新的机制，促使合作各方在追求自身利益最大化行为的引导下自愿放弃投机行为，真实揭示其私人信息，增加研发投入量或付出应有努力，促进合作创新的成功。本书的研究内容主要集中在两个方面：一是运用合作序列机制和博弈模型对在不可再协商契约条件下的上游企业研发机构和下游企业的合作创新进行理论研究。二是运用博弈论和机制设计理论等理论和方法对存在双向溢出效应、混合溢出效应等不同条件下的合作创新激励机制进行理论研究。具体内容如下：

（1）不可再协商契约条件下的合作创新机制理论研究

①基于双边道德风险的合作创新序列机制研究

这部分是本书的第三章研究内容。主要是考虑上游企业研发机构和下游企业之间合作创新存在双边道德风险的情况下，合作双方之间如何通过设计不可协商契约中的序列机制，促使交易各方提供自己的私人信息，防范履约过程中的道德风险，从而使合作创新的各方放弃投机行为，在真诚互信的基础上，提高专用性资产投资水平，实现合作创新的良性发展。

（2）供应链纵向合作创新机制设计理论研究

①供应链纵向合作创新策略及成本分摊机制研究

这部分是本书的第四章研究内容。主要研究了由一个上游寡头垄断企业和多个下游企业组成的二级供应链系统中，上、下游企业合作进行技术创新的投资策略，提出了两种成本分摊机制，分析了供应链中所有企业的利润以及最终产品（下游企业产品）消费者的消费者剩余的变化情况，即合作创新会提高合作中的所有企业的利润，增加消费者剩余，但是会降低合作之外的下游企业利润。

②基于双向溢出效应的供应链纵向合作创新机制设计

这部分是本书的第五章研究内容。主要考虑合作创新同时具有纵向和横向溢出效应，建立了六种合作方式下的供应链合作创新博弈模型，研究了不同合作形式下的企业创新投入和产量决策，以及相应的社会福利变化情况。研究显示，产业间纵向合作创新和上游产业内横向合作创新有利于提高企业创新投入、最终产品产量，对企业利润的影响不确定；产业间纵向溢出效应和上游产业内的横向溢出效应则会提高企业创新投入、最终产品产量和社会福利。政府应鼓励和扶持上游企业的横向合作和产业间的纵向合作，必要时对其进行补贴，并促进创新成果扩散，提高溢出效应，激励企业增加创新投入和最终产品产量，提高社会福利。

③基于混合溢出效应的供应链纵向合作创新机制设计

这部分是本书的第六章研究内容。主要考虑合作创新既存在外生溢出，又存在内生溢出，即存在混合溢出条件下，建立了供应链上、下游企业纵向合作创新博弈模型，研究了双方在不合作、半合作以及完全合作等形式下的合作策略，并为促进双方完全合作提出了一种利润分配机制。探索出不同合作策略下的最优利益分配方式，以此作为激励机制防范合作创新中的双边道德风险，并实现消费者剩余和社会福利在完全合作下最大。

1.4 研究方法及技术路线

本书主要采用机制设计理论、博弈论等基础理论和研究方法。

在理论研究中主要采用博弈论和机制设计理论。通过建立不同条件下的供应链合作创新的博弈模型，找出满足合作各方成员参与约束和激励相容约束的最优解，设计出合作创新机制（包括序列机制、成本分摊机制、利润分配机制等），防范合作创新的双边道德风险，减少溢出效应带来的负面影响，促进合作创新的持续成功。

本书技术路线如图 1.1 所示。

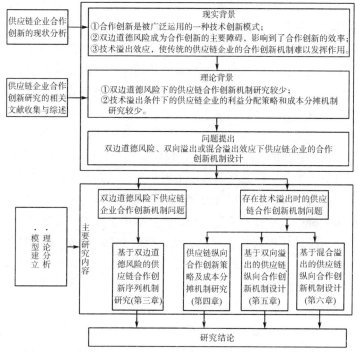

图 1.1 本书研究思路

1.5 特色及创新之处

本书具有以下创新：

①考虑在合作创新机制设计中引入第三方仲裁机构，建立了合作创新的博弈模型，研究了在不可再协商契约条件下，基于双边道德风险下的合作创新序列机制。

目前，合作创新的过程中双方都存在机会主义行为。某一方就可能为了特定目的，先签订一个契约，把对方锁定，然后在进一步的合作创新过程中，要求再协商签订新的契约，来增加自己一方在合作创新中剩余权益的最大化。一方面，上游企业研发机构为了防止下游企业给另外的竞争对手投资，率先以一系列优惠条款让下游企业与自己签约，当下游企业前期资金到位后，在合作创新的过程中，再提出研发的困难，进而提出重新协商契约。而下游企业由于已经投资了一部分，被锁定在其中，完全拒绝再协商契约，前期投资就成了沉没成本，因此只有再协商新的契约，增加了投资风险和投资成本。另一方面，下游企业也会从再融资的角度出发，先以一系列较优的条款来与上游企业研发机构签订契约，当合作创新开始实行，上游企业研发机构已经投入大量的人力，并取得进展时，下游企业会以追加投资或扩大投资规模为由，要求再协商新的融资契约，新契约往往会稀释上游企业研发机构的股份，从而使下游企业获得了最大的剩余权益。本书首先通过事后不可再协商契约来弱化双方，即合作双方严格履行事前签订的契约，而不会在签约后、最终交易前，重新协商签订新的契约。在此基础之上，本书区别于现有合作创新的激励机制设计研究是对事后利益的结果再分配，不仅仅考虑了双方合作结果的事后激励反馈，还设计了有第三方仲裁组织的合作创新的序列机制，建立了合作创新博弈模型，通过对合作创新过程的控制，使合作双方从自身利益最大出发，真实揭示各方的私人信息，实现双方持续良性的技术合作创新。

②考虑了在一个由一家上游寡头垄断企业和多家下游企业组成的供应链中，在两阶段双寡头博弈模型（AJ模型）的基础上，构建供应链纵向合作创新的三阶段博弈模型，研究了供应链纵向合作创新策略和成本分摊机制，提出合作创新会提高上游企业、下游合作企业的利润，但是会降低下游非合作创新企业的利润。

现实生活中，在一个由一家上游寡头垄断企业和多家下游企业组成的供应链中，上游企业向这几家下游企业提供同一种中间产品，下游企业用一个单位的中间产品生产一个单位的同一种最终产品，下游企业在最终产品市场上以古诺博弈展开竞争。现上游企业计划进行一项降低单位产品生产成本的创新项目，上游企业需要决策是否进行该项投资，以及是应该独立进行创新还是应该邀请下游企业共同创新。若上游企业决定邀请下游企业共同创新，就需要制定创新投入的分摊比例，而往往由于成本分摊机制设计不当，使下游企业难以持续参与合作创新。本书区别于现有合作创新模型多是研发、产量两阶段双寡头博弈模型（AJ 模型），针对由一个上游寡头垄断企业和多个下游企业组成的两级供应链，建立了一种三阶段纵向合作创新博弈模型，研究了不同条件下的企业创新投资策略，提出了两种合作创新成本分摊机制，分析了合作创新对上、下游所有企业的利润以及最终产品购买者的消费者剩余的影响。研究发现，当上游企业能够通过独立研发增加利润时，纵向合作创新无法形成；合作创新会提高最终产品的产量，降低其价格，增加最终产品购买者的消费者剩余；合作创新会提高上游企业、下游合作企业的利润，但是会降低下游非合作创新企业的利润。

③考虑了供应链合作创新的企业间存在双向溢出效应和混合溢出效应，建立了合作创新的博弈模型，研究了在不同合作研发形式下的合作创新机制，并提出了促进完全合作的利润分配机制。

现实合作创新过程中，由于存在双向溢出效应和混合溢出效应，难以设计有效的合作创新机制，减少溢出的负面影响。本书考虑了供应链同一层级企业间的创新横向溢出效应不相同，供应链不同层级企业间的纵向溢出效应随研发投资者和溢出效应受益者的不同而变化，建立六种合作创新形势下的博弈模型，研究不同合作创新模式下的企业创新投入及生产策略，并分析合作创新模式以及各种创新溢出效益对企业创新投入及利润、最终产品产量、消费者剩余以及社会福利等的影响。而且，还考虑供应链上、下游企业间不仅存在着企业无法避免和控制的外生溢出，还存在着企业所愿意的、可以控制的内生溢出，建立了存在混合溢出条件下的供应链纵向合作创新模型，研究双方在不合作、半合作以及完全合作等形式下的合作策略，并为促进双方完全合作提出了一种利润分配机制，为供应链上、下游企业制定纵向合作创新策略提供决策借鉴。

2 合作创新的研究现状

2.1 合作创新机制设计的理论基础

在合作创新研究领域，国内外学者从各种不同的理论视角对合作创新的动因、道德风险、利益分配及激励机制进行了大量的研究，主要包括交易成本理论、组织学习理论、产业组织理论、机制设计理论等。

2.1.1 交易成本理论

交易成本理论是较早解释联盟的理论，首先由经济学家科斯 1937 年在他的经典论文《企业的性质》中提出：企业的存在正是为了节约交易费用，即以成本较低的企业内交易代替成本较高的市场交易；企业的规模被决定在企业内交易的边际成本等于市场交易的边际成本，或等于其他企业的内部交易的边际成本那一点上；供应链企业之间是订立长期合同，还是实行纵向一体化，取决于两种组织形式的交易费用比较结果。后经威廉姆森等人不断发展和完善。它有效地解决了企业存在的合理性问题，并广泛地应用到经济、管理的各个领域，影响越来越大。

对于合作创新涌现的现象，交易成本理论的解释是，技术交易是那种能产生高额交易费用的交易形式。首先，在技术实现之前，技术的经济绩效存在着很高的不确定性；其次，不同于其他商品，一项技术的供给者和需求者的数量都是极其有限的，资产专用性高；再次，由于技术往往以"无形商品"存在，对技术的质量和技术的扩散很难控制，所以，在技术的交易过程中存在着严重的机会主义行为（逆选择和败德行为）；最后，技术交易的双方都受到"有限理性"的约束，对技术本身和伙伴的技术能力都不可能做出准确的评价（Caves，1983）。因此，技术交易是典型的伴随着高额交易费用的交易方式。所以，在技术交易的过程，交易成本是决定技术交易对象选择的主要依据。

交易成本的存在使得市场并不一定是资源配置的最佳办法，尤其当存在较高交易成本的情况下。正是基于这一理论认识，蒂斯和威廉姆森等人都曾主张企业应以内部化的技术创新活动来替代合作的技术创新活动，即以内部交易来替代市场交易，鼓励企业扩大自有 R&D（Research and Development，简称 R&D，研究与开发）机构的规模。

因为他们认为，对于由直接竞争对手所组成的合作创新关系，交易成本理论从机会主义角度预言其失败率相对较高。这缘于在竞争对手面前保护企业的核心能力和技术诀窍（know-how）更加困难，合作成员的投机行为动机更加强烈，而且这种动机会随着其识别和占有其他成员关键技术和诀窍能力的提高而不断增强，从而伙伴间的信任程度以及合作水平被不断降低。为了避免这种投机行为对合作带来的不利影响，就必须采取某些必要措施：完备的契约、合作过程中的监督和控制等，但这些因素都会导致交易成本的增加，当交易成本上升到足以抵销合作可能带来的收益的情况下，合作创新关系将面临失败（Gulati，1995）。

通过 500 多家英国工厂的实证研究发现，那些完全依赖合作研发的企业的规模和市场份额显著小于进行部分独立研发的企业（Love 和 Ropper，2002），详见表 2.1。研究发现，企业规模和市场结构是影响企业选择研发模式的重要因素。企业的研发单位成本与企业规模因素存在重要的非线性关系。

表 2.1　　　　　　两类企业的描述性统计

	完全依赖合作研发 样本数：47		进行部分独立研发 样本数：460	
	均值	标准差	均值	标准差
A. 研发成本因素				
工厂规模（员工数）	211.23	271.38	268.19	829.60
研发人员（数量）	0.00	0.00	14.39	79.88
产业研发强度	2.97	2.95	3.47	2.59
员工中的研究生比例	6.51	6.23	8.88	9.89
小批量生产	0.53	0.50	0.56	0.50
大批量生产	0.28	0.45	0.34	0.47
B. 市场结构指标				
市场份额	0.45	0.81	0.72	2.51
行业最大 5 家企业所占比例	29.86	18.34	30.60	18.25
最小有效规模	1.81	2.47	1.65	2.07
收入增长率	0.09	0.20	0.08	0.18

因此，在当时交易成本理论框架下，与竞争对手组建合作创新关系被视为一种风险行为。但现实的发展趋势却并没有给这种主张以有力的支持，合作创新行为不仅没有减弱，反而正

越来越成为企业的主要创新方式之一。因此需要进一步提供与现实相符的理论解释。

国外学者最早指出了早期交易成本理论将资源配置划分为"组织或市场"的不准确性（Thorelli，1986）。"组织或市场"的划分是一种理想化的范式。现实中，很多交易方式并非属于纯组织的或纯市场的办法，存在着大量的"第三类交易"，即介于纯组织和纯市场之间的交易方式。这些方式既实现了组织间的交易（合作），又最大限度地规避了组织间交易所引发的交易费用。将这些"第三种交易方式"定义为网络化交易，因为这类交易的一个共同特点是通过组织的关系网络来寻找合作伙伴，而不是通过市场。它通过建立较为稳固的合作伙伴关系，稳定双方交易、减少签约费用并降低履约风险，顺应了企业节约技术市场交易成本的需要。因此，合作创新是一种比市场合约安排更为有效的制度安排。

20世纪90年代以来，在解释合作创新成因问题上，研究者将交易成本概念拓展到学习成本、协作成本等领域。比如，从学习成本角度出发，合作创新关系的建立有利于降低学习成本，合作创新是一种低成本的学习机会（Ring，1996）。对网络与合作进行分析时，可以把协作成本的存在和变化看成合作创新建立和发展的重要因素（Gulati 和 Singh，1998）。学习成本、协作成本等概念被用来解释合作创新建立和发展的重要因素。学习成本、协作成本等概念被用来解释合作创新本质上是一种组织间的知识活动，其中组织间的知识流动及相应的知识协作成本等问题很突出。企业内部研发虽然限制了交易费用，但阻止了学习其他企业专长的渠道。合作允许学习这种专有知识，同时也允许技术以相对于市场交易较低的交易成本进行转移。因此，合作创新的最佳途径是基于稳定关系的网络化交易，而市场途径只是一种备选的方案。

2.1.2 组织学习理论

在激烈竞争的市场条件下，企业要获得成功，就必须建立起开放、动态、高效的学习机制，才能更好更有效地应对来自外部的挑战。根据组织学习理论，合作创新是企业学习或保持自身能力的一种方式。在这种观点看来，企业是建立在知识的基础之上，特别是那些很难跨越企业边界转移的知识对组织至关重要，学习动机是组织进行合作创新的首要动机（Kogut，1988）。

进行合作创新，参与企业不仅能向合作伙伴学习显性知识，而且可以通过合作获得其隐性知识，并共同创造出新知识（Doz Y 和 Hamel G，1998）。但是，合作创新仅仅提供了学习平台，企业能否学习到合作伙伴的特有知识，不仅取决于企业能否接触到这些资源，而且取决于其学习能力和效率。只有在企业拥有了相关知识和技能的前提下，企业才能更好地获得新的能力（Moingeon 和 Edmondson，1996）。由于在同一行业中的企业具有相似的知识架构和共同的能力基础，因此，由竞争者结成的合作创新更有利于构建成功的组织学习平台（Hamel，1991）。当然，在竞争对手间展开学习，并不妨碍企业拥有特有的、难以模仿的技能和专长，所以，对于那些拥有互补性资源和能力的竞争者，他们之间存在更为可观的相互学习的潜力。

与一般的合作创新不同，在由竞争对手结成的学习型伙伴关系中，合作成员需要特别注意的是，企业在学习伙伴拥有知识的同时，伙伴也在学习和转移其知识。因此，企业需要认真考虑哪些知识是可以贡献出来与伙伴进行共享的（Soekijad 和 Andriessen，2003）。那些对自身生存至关重要、而且伙伴能够学习与吸收的知识，一旦被竞争性伙伴获得，将直接导致自身的生存危机。正因如此，组织学习理论将与对手结成学习型伙伴关系视为一场"学习竞赛",无论是合作伙伴还是合作模式的选择都是为开展有效学习而服务的,只有以更高的效率学习到知识并提升了竞争实力,企业参与合作才是成功的。

由于信息不对称和投机行为等原因,研究人员、研发成果等研发投入、产出要素市场是不完美的,无法通过市场交易实现这些要素的转移,必须通过合作的方式才能实现组织间隐性知识的转移(Badaracco,1991)。研究发现合作创新成员间相互学习对方知识是企业建立合作创新关系的重要目的和动机(Hamel,1989)。对日本加入到合作创新中的近400家企业调查发现(Sakakibara,1997),"获取互补性的技术知识"是企业进行合作研发的最重要动机,详见表2.2。

表2.2 　　　　　　　　日本企业的合作创新动机

合作研发的动机	平均分值[*]
获得合作伙伴的互补性技术知识	3.69
进入新的业务/技术领域	3.51
避免重复性的研究	3.15
赶上国外企业的先进技术	2.99
分摊成本和实现规模经济	2.95
赶上国内非成员企业的先进技术	1.65

[*]分值为1表示该动机不重要,分值为5表示很重要。

2.1.3　产业组织理论

产业组织理论主要从技术的溢出效应和市场结构的角度来研究企业间合作创新,侧重于分析同一产业的企业间合作对企业研发投入及社会福利的影响。

溢出效应是指通过技术的扩散,促进了其他企业技术和生产力水平的提高，是经济外在性的一种表现（Katsoulacos 和 Ulph，1998），包括由反求工程、产业间谍或雇用创新企业员工所导致的非自愿、不可控的溢出，一般称为外生溢出，以及由于企业向外发布技术信息，或者与其他企业进行技术交流等所引起的自愿的、可控制的溢出，一般称为内生溢出（张青山和游明忠，2003）。也就是说，技术知识作为研发活动的成果有一定的公共产品属性。

市场结构所描述的是企业的产业组织环境。它是指在特定的市场中，企业间在数量、份额和规模上的关系，以及由此决定的竞争形式。它包括厂商规模、产业集中度、进入壁垒、产品差异性和政府管制等。

德·阿斯普莱蒙特（D'Aspremont）和格兰高尼（Jacquemin）研究了市场结构和溢出效应对企业合作创新的影响（D'Aspremont 和 Jacquemin，1988，1990）。他们建立了一个两阶段双寡头博弈模型（AJ 模型），他们开创性的工作为以后学者的研究奠定了基础。AJ 模型考虑一个只有两家企业的产业，其主要假设有：①两企业同质；②需求线性，需求函数的反函数为 $D^{-1}=a-bQ$，$a>0$，$b>0$，其中，$Q=q_1+q_2$ 表示市场总需求；③企业的生产总成本是自己产量和研发投入量，以及对手研发投入量的线性函数：$C_i(q_i, x_i, x_{3-i}) = [A-x_i-\beta x_{3-i}] q_i$，$i=1$，2，$0<A<a$，$0 \leq \beta \leq 1$。R&D 阶段存在技术溢出，$\beta$ 值反映了溢出效应的大小；④企业研发成本函数是投入量的二次函数，$\gamma \dfrac{x_i^2}{2}$，即研发边际成本递增。在 AJ 模型中，企业间的博弈顺序分为两阶段：第一阶段（研发阶段），两企业决定各自的 R&D 水平；在第二阶段（生产和销售阶段），两企业进行古诺竞争，企业的收益等于第二阶段的古诺利润减去第一阶段的 R&D 成本。通过对博弈模型深入研究发现：

①从研发投入来说，如果 R&D 溢出效应足够大，当β>0.5，垄断时研发投入最高，因为厂商能获得研发成果所带来的全部超额剩余；其次是合作时的研发投入水平；非合作时研发投入水平最低。但从考虑社会福利水平角度来看，研发投入水平都小于社会最优投入水平。

②从产量来说，研发合作时产量最高，其次是研发竞争时的产量，垄断时的产量最低。但产量都低于社会最优产量。

当企业生产不同的产品时，即使溢出效应不是很大，合作研发的投入水平也会高于非合作水平，所以企业会倾向合作（De Bondt 和 Veugelers，1991）。溢出效应的大小和企业数量的多少会影响企业是否进行合作研发（De Bondt，Slaets 和 Cassiman，1992）。与此类似，在合作研发中，产业间的溢出比产业内的溢出导致更多的研发投资、产量和社会福利（Steurs，1995）。一些学者也得出与之类似的结论（Ishii，2004；Silipo 和 Weiss，2005；Gorodnichenko，Svejnar 和 Terrell，2006；Mesquita，Anand 和 Brush，2008；Wang 和 Zhao，2008）。

研究发现日本90%的企业的研发合作是跨行业合作（Rokuhara，1985）。对欧洲六个国家的企业合作研发调研，发现与客户或供应商合作是最盛行的企业合作研发方式（Licht，2000）。利用德国1994年的数据，发现84%的新兴企业与客户或供应商合作研发（Harabi，1997）。

分析研究参与欧盟框架计划、尤里卡计划的合作创新的1 000多家企业的数据，研究了产业变量（研发强度、溢出效应、专利效果和产业集中度）和企业变量（绝对和相对规模、参与合作创新的经历）同合作创新的关系（Marin 和 Siotis，2004）。研究显示，知识扩散变量（溢出效应延迟、专利的有效性）与企业参与合作创新显著负相关，也就是说企业如果很难独占创新的收益，那么就很愿意参加合作创新。

我国学者从市场结构的企业规模、产业集中度和进入壁垒这三个因素分析了我国企业的合作创新行为（刘宏，杨克华，2003）。他们利用上海市工业企业技术创新状况问卷调查的数据，发现企业规模与合作创新行为有着显著的关联性，其中大企业最活跃，其次是小企业，总的来说，有70%左右的企业参与合作创新，也就是说合作创新是我国企业的普遍行为，详见表 2.3。

表 2.3 　　　　　　 企业规模与合作创新（中国）

规模 是否合作	大型企业	中型企业	小型企业	总计	χ^2
无合作行为	34 （20.48%）	69 （38.33%）	13 （30.95%）	116 （29.90%）	13.156 （a=0.001）
有合作行为	132 （79.52%）	111 （61.67%）	29 （69.05%）	272 （70.10%）	

2.1.4 机制设计理论

合作创新中存在的合作成员隐瞒重要技术信息，降低资源投入量等投机行为（即道德风险）是导致合作创新效率低下甚至合作失败的首要原因之一（刘学，王兴猛和江岚等，2008；Dickson，Weaver 和 Hoy，2006）。如何防范道德风险，激励合作成员如实告知其私人信息并提高资源投入量一直是合作创新中亟须解决的关键问题。国内外学者从各方面对此进行了深入研究，包括并从优选伙伴（Chang，Wang R.C 和 Wang S.Y，2006；Hacklin，Marxt 和 Fahrni，2006）、改进制度（Levy，Roux 和 Wolff，2009）、完善契约（Fulop 和 Couchman，2006；Crama，Reyck 和 Degraeve，2008）、强化控制（苏中锋，谢恩和李垣，2007；Davis，2005）、政策激励（Olk 和 Xin，1997；杨仕辉，熊艳和王红玲，2003）以及机制设计等（魏斌，江应洛，2002；

马亚男，2008），其中机制设计是解决道德风险的最优方法之一。

机制设计是指给定一个组织的目标，如何通过设计出一套合理的规则，使得每个参加经济活动的人，在掌握私人信息的情况下出于自身利益行事，其最终博弈结果能够到达该组织设定的目标。赫尔维茨发现，一个社会不仅要关注如何配置给定的资源，更为重要的是如何确保资源得到最好的利用，这就涉及信息和激励问题（Hurwicz，1960）。他构造了一个统一的处理信息分散化的模型，这标志着经济机制设计理论的诞生。赫尔维茨将机制定义为一个交易者彼此交换信息并共同决定产出的连续的系统。通过一定的机制设计，社会所有成员在自由选择、自愿交换、信息不完全等分散化决策条件下，会显示自己真实的信息，从而实现均衡产出。

机制设计理论主要是采用博弈论方法，但两者的研究思路存在差异。博弈论提供学者预测给定博弈的结果的方法，而机制设计则考虑相反问题，即给定想要的结果，如何设计一个博弈来实现它。设计机制的目的是，在满足参与约束和激励相容约束下最大化委托人的期望效用函数。如博弈越复杂，要得到均衡机制就越为困难。

机制设计理论由赫尔维茨开创，并引入"激励相容"的概念，在此基础上机制设计理论才获得了广泛应用。激励相容是指委托人所设计的激励机制必须能够有效地甄别代理人的不同类型，使代理人有揭示自己真实信息的积极性。这就意味着委托人必须给予说真话的代理人一定的激励补偿。在现代激励理论中，激励相容约束和参与约束已成为激励机制设计的核心问题。

20世纪70年代"显示原理"和"执行理论"的发展使得机制设计理论获得重大进展。吉巴德第一个系统阐述了显示原理（Gibbard，1973）。一些学者（Myerson，2008；Dasgupta 和 Maskin，2008；Maskin，2008）独立地将其扩展成贝叶斯—纳什均衡的一般思想，进一步发展了这个原理，并开创性地将之应用于规制（Feldmann，2009）和拍卖理论（Choi、Chang 和 Han，2009）等的重要领域。显示原理表明，一种机制的任何均衡结果都可以通过一种直接机制来实现，尽管可行的机制数量多，但在正常的直接机制的子集中，总可以找到一种最优机制。显示原理是机制设计理论发展过程中的一个重大创新，它大大简化了机制设计的复杂性，现已成为机制设计和激励理论的一个最基本的理论。所以，后来机制设计文献主要集中于如何寻找一种直接机制，以实现在满足激励相容约束和参与约束下最大化目标函数的数学工作上。

把博弈论引入经济制度的分析中，证明了纳什均衡实施的充分和必要条件，为寻找可行的规则提出了一种标准，即众所周知的执行理论（Maskin，1977）。执行理论构成了现代机制设计的关键部分，后来的机制设计执行理论，基本上是在马斯金的完全信息的纳什执行机制上进行拓展和改造。

机制设计理论的发展虽然不过几十年，但其运用却十分广泛。近年来，机制设计理论被广泛运用于社会选择理论（Kory Kroft，2008；Yew 和 Zhang，2009）、拍卖理论（Porter、Rassenti 和 Shobe，2009）、货币政策（Feng，2007）、最优规制政策（Flight、Henley 和 Robicheaux，2008）、金融系统（许香存、李平和曾勇，2007）、合谋（Maskin 和 Tirole，2008）及联盟（Koljatic 和 Silva，2008）等领域的研究，对其他理论和实践起到很大的促进作用。

鉴于合作创新中实际存在的"搭便车"现象、机会主义行为，从机制设计理论的角度出发，构建了合作创新的重复博弈模型（Veugelers 和 Kesteloot，1994；DeBondt 和 Wu，1997）。运用这些模型分析了将来不能合作的威胁，抑制了企业的机会主义行为，合作的重复性会使企业更有利润可图，合作关系也更稳定；而且合作的稳定性随着参与企业数量的增加而降低。产业范围的合作规模仅在成员间溢出效应非常大时才会比较稳定。当合作是以合资性研发公司的形式进行时，可能会增加合作的初始成本，这种更紧密安排的同时会造成机会主义的泛滥，合作的协同效应对此会有一定抑制作用。

考虑到合作创新中的知识投入与转移的不可测量性以及合作契约的不完备性，通过机制设计以抑制机会主义的研究显示，研发的协调机制、特许机制、合资机制等对于机会主义的抑制有不同的作用（Perez - Castrillo 和 Sandonis，1996），并对那些规模、技术、资金能力的不对称参与方的合作创新进行了的初步探索（Veugelers 和 Kesteloot，1994）。

2.2　合作创新的研究现状

学术界对合作创新的研究从 20 世纪 80 年代逐步深入，在合作创新的动机（Iyer，2002；Odagiri，2003；Boateng 和 Glaister，2003；Sampson，2004；Bagchi - Sen，2004；Hitt，Ireland 和 Hoskisson，2005；Bai 和 O'Brien，2008）、合作创新的冲突障碍（Chen，2003；祁红梅和黄瑞华，2004，2005；Mora，Angeles 和 Guerras，2004；Johnson 和 Johnston，2004；张义芳和翟立新，2008；Plewa 和 Quester，2006）、合作创新的组织结构设计（Zedtwitz 和 Gassmann，2002；Huggins，Demirbag 和 Ratcheva，2007；Hagedoorn 和 Kranenburg，2003；Lopez-Fernandez，Serrano-Bedia 和 Garcia-Piqueres，2008；Doia 和 Mino，2005；Löfsten 和 Lindelöf，2005）、合作创新的溢出效应（Piga 和 Poyago，

2005；Amir 和 Jim，2008；Ge 和 Hu，2007；Leahy 和 Neary，2007；Cellinia 和 Lambertini，2008；Coe，Helpman 和 Hoffmaister，2008）、合作创新中的技术学习（Walczak，2005；Walter、Auer 和 Gemunden，2002；Geng、Townley 和 Huang，2005；Beers、Berghäll 和 Poot，2008；Santoro、Bierly 和 Gopalakrishnan，2007；Salmi 和 Torkkeli，2009；Alvi、Mukherjee 和 Eid，2007）、合作创新中的资源能力匹配（Huang、Lin C 和 Lin H.，2005；Canto 和 González，1999；Spanos 和 Prastacos，2004）、合作伙伴选择（崔新健和宫亮亮，2008；Fontana、Geuna 和 Matt，2006；Karlsson 和 Andersson，2006；王良和杨乃定，2005；Razmi、Ghaderi 和 Ahmed，2005；Ding 和 Liang，2005；Li D、Eden 和 Hitt，2008）、合作创新的契约设计（Morasch，1995；王安宇、司春林和骆品亮，2006；Ferrary，2008；吴华清、梁樑和古继宝，2007；Ryall 和 Sampson，2007；Liu、Tian 和 Sun，2007）、合作创新的利益分配方式（吕海萍、龚建立和王飞绒等，2004；嵇忆虹、吴伟和朱庆华，1999；任培民和赵树然，2008；Yang，2007；罗利和鲁若愚，2001，2002；鲁若愚、傅家骥和王念星，2003；Mody，1993；Amaldoss，2000；孙红侠和李仕明，2005）、机制设计（Silipo，2008；Lee 和 Win，2004；Arend，2005；Malik，2008；D'Este 和 Patel，2007；Mendez，2003；Acworth，2008；Wang L 和 Wang X，2008；Majewski 和 Williamson，2004；顾佳峰，2008；张宝贵，2007；朱少英和齐二石，2008）、政府宏观政策（Bachmann 和 Schindele，2005；Leahy 和 Neary，2007；吴秀波，2005；Vilasuso 和 Frascatore，2000；Buckley、Mestelman 和 Mohamed，2003；King 和 Nowack，2003）等领域进行了较深入的分析研究。因本书主要研究的是如何通过利益分配方式和合作方式的选择，设计出适用的激励机制，防范合作成员的双边道德风险，故本节将只对合作创新的利益分配、合作创新方

式以及合作创新机制设计等方面的相关研究进行综述。

2.2.1 合作创新的产生动机

通过对美国 17 项创新成果的研究（Mansfield、Rapoport 和 Wagner 等，1997）发现，创新的社会回报率远远超过创新企业自身的回报率，因此，企业在研究开发上的投资通常要少于社会最优投资。

由于这个原因，社会应提供税收刺激、补贴以及专利制度，以引导企业进行更多的研究、开发、投资。但是，对研发活动进行补助将干扰市场机制的作用；专利制度有时又不十分可行，并且它限制了知识的分配，从社会角度来看成本过高。而合作创新在激励企业创新动力方面显示出许多优势。

合作创新由于规模经济、消除了重复研究和重复投资、知识的分配和共享、企业合作的协同作用，显示出更高的创新效率：通过成员企业共同投资，合作创新可以承担单个企业无法承担的大规模研究项目；合作创新可以克服在专利制度不完善情况下，研究开发常常遇到的"搭便车"现象，从而提高创新的积极性。

从交易成本的角度对合作创新动机进行研究（Robertson 和 Gatignon，1998；郭晓川，1998）。企业的技术创新可分为三种模式：内部开发、市场交易和合作开发。从本质上说，技术是一种商品，技术合作是一种以契约为基础的技术交易，技术商品与其他一般商品相比有以下差异：①技术是一种无形产品，购买者由于理性有限存在，很难对它的质量作评价；②技术所带来的绩效存在着高度的不确定性；③技术交易是一种专用知识的交易，参加交易的人数有限；④在技术交易的过程中存在着很强的机会主义倾向。

技术商品的上述特殊性决定了它是那种存在高额交易费用

的商品，因此市场交易的模式并不是技术创新的最佳途径。

但还有许多学者认为合作创新有其积极的作用，企业间进行合作创新的主要动机可归纳为：节省交易成本、独占知识技术和能力"异质性"三个方面（Sakakibara，1997）。①合作创新能够节省技术转移和技术交换的成本；②技术会在产业内及产业间溢出，有的产业技术的溢出效应很高，此时，企业为了使研究开发的"外部性"内部化，便组建合作研究开发联盟；③当前的高新技术创新常常依赖于多个科学技术领域的合作才能完成，然而很少有企业具有足够丰富的知识，因此参与合作的企业之间核心能力的广度和多样性，在各企业核心能力基础上合作产生新的核心能力是企业参与合作创新的一个主要动机。

合作进行技术创新对于为不同单位 R&D 人员提供隐性知识交流平台，促进新知识创造具有重大意义（Mowery 和 David，1983；Teecet 和 David，1987；Kogut，1988；Badaracco，1991；Sampson 和 Rachelle，2004）。对应于企业独立 R&D 投资，有效 R&D 投入量指多个企业的独立 R&D 投资量汇集到一起合作开发形成的，有效 R&D 投入量并不是独立量的简单求和，而是比这个和要大。合作创新的意义在于知识共享并产生了"合作剩余"。由于合作开发技术具有可以放大产业有效 R&D 投资的比较优势，所以在合作模式下创造的社会福利要比企业独立研究的社会福利更多。

2.2.2 合作创新过程中的冲突

合作创新要求成员之间分享具有敏感性的知识和信息，而通常合作成员之间是一种协作性竞争关系，每个合作组织都可能由于分享或独占研究开发成果而引起争端和冲突，成员之间常处于重复的博弈过程中。

学者们分析了高校与企业合作创新的冲突（Cyert 和

Goodman，1997），研究了知识资产对企业间合作创新过程的影响（裴学敏和陈金贤，1999）。合作创新过程中的冲突主要表现在以下几个方面：①由于合作中各方投入的资产主要是知识资产，且各方在合作中的贡献难以计量，从而产生了对各主体投入的知识产权的保护及合作过程中形成的知识资产的产权归属问题；②合作过程涉及技术秘密及个人经验等不可言传的知识技能，因此存在安全保密的问题，为防止在合作中丧失竞争优势，合作企业有明显的机会主义倾向，会隐瞒一些重要的技术信息，影响合作预期目标的达成；③由合作关系形成的组织内部存在管理协调的成本。由于各方利益冲突及在企业文化、管理方式上的差异，如何在合作组织中激励有关专业人员，协调各方行动，如何提高管理效率是合作创新面临的一大问题。

针对以上冲突，国外学者提出了提高合作创新效率，促进技术学习的途径（Cyert 和 Goodman，1997），包括：①选择具有普遍性、易于推广、互利性的课题进行合作；②建立基于团队合作的工作小组；③建立过程监测和应变机制；④建立工作成员间的密切联系；⑤建立有效的知识传播、扩散模式；⑥建立新的组织安排；⑦充分利用信息技术进行知识传播和储存。

要在产、学、研合作创新中实现"双赢"，需要在以下方面作出努力（Bouroche，1999）：①克服文化交流障碍最有效的战略是在产业与科技人员之间建立直接的接触和网络连接，相互间的现场走访和共同参加研究会议能够促进相互技术交流；②合作谈判、签署协议期间，技术管理人员与工作人员建立早期的团队很有必要；③为协议的准备工作、协商谈判工作和执行过程制订合理的工作计划；④为合作成员企业相互之间的技术转移提供有效激励；⑤整个合作过程中必须有主导者。

对日本政府倡导的合作研究进行了大规模样本计量经济分析发现，合作创新的经常参与程度与研究投入及创新产出率呈正相关（Branstetter 和 Sakakibara，1998）。进一步的分析表明，频繁参与之所以会提高创新产出率，部分是由于参与提高了合作组织内部的知识溢出和技术转移。

对合作创新过程中冲突的分析主要是建立在实证研究的基础之上，各种合作组织面临的实际情况复杂多样，解决冲突障碍和提高合作绩效的途径也各不相同，但参与合作的企业和组织的共同努力、建立在信任基础上的广泛参与、相互沟通、密切合作、共担风险等是成功合作的必要前提。

2.2.3 合作创新的技术学习与企业核心能力

如何建立新的核心能力或使现有核心能力提高，以获得持续竞争优势是学术界和企业共同关心的一个重要问题。通过建立技术创新的合作关系，形成外部网络，是能力建立与提高的一条重要捷径（陈劲、王毅和许庆瑞，1999）。

合作创新为有效的技术转移提供了一个新的形式，并且技术转移已成为研究开发合作组织成败的关键因素（Smilor 和 Gibson，1991）。不仅仅因为市场的道德风险，还由于基于长时间经验累积之上的个人和组织的专用资本，使得合资等技术创新合作形式成为一种次优的知识转移和交流的治理结构（Kogut，1988）。

通过观察了欧洲高技术企业参与的 R&D 合作创新组织的学习过程，发现企业的技术学习能力、创新能力与以下六个因素有关（Ingham 和 Mothe，1998）：①合作方的相互信任；②企业中研究开发活动的集成性；③获得足够的互补性资产；④合作过程中各成员的参与程度和合作动机；⑤企业自身的研究开发经验；⑥技术联盟中企业的数量。

表 2.4　　　　　　　　学习与能力获得的决定因素

学习动机	学习能力	创新能力	学习和创新能力
◆企业对学习的意识 ◆期望获得潜在的知识和技能 ◆学习包含在企业的核心战略中	◆企业组织内现有的能力 ◆知识的可获得性 ◆与其他合作企业间的关系（侵略性的、中立的、容忍性的） ◆联盟组织结构（知识特点、契约形式、合作资源配置、任务分配、合作企业数量）	◆合作组织中成果转移效率 ◆R&D 与其它部的整合 ◆互补性资产 ◆知识编码化 ◆研发经验	◆企业的合作经验 ◆研发经验 ◆对合作成果的分享程度 ◆学习动机和对合作的参与程度

　　通过使用从微电子和计算机技术公司（MCC）收集的文档和调查数据，对技术转移和学习效率进行研究。研究表明有四个因素与合作组织中的技术转移过程有关，它们是：交流程度、差异、不确定性和动机（Smilor 和 Gibson，1991）。在交流程度低、缺乏合作动机、合作各方地理或文化差异大以及技术合作具有高的不确定性条件下，技术转移和技术学习无法产生。由于有效的相互交流过程，各种各样的合作激励和合作意识，企业之间地理和文化环境相似以及采用的技术明确并被大家所理解，往往能够实现成功的技术合作和转移。

　　合作创新有利于企业发展核心能力和核心技术资源。通过对欧洲的 EUREKA 研发合作联盟（R&D consortia）中 25 位 R&D 主管的调查（Mothe 和 Quelin，1999），归纳了合作创新过程中提高企业核心能力和资源的关键因素：

表 2.5　　　　　　　企业提高核心能力的关键因素

促进因素		核心能力和资源类型
战略选择的一致性		新产品开发、产品改进、许可证
投入	资金投入	新产品原型、专利
	组织投入	新产品原型、新产品、专利、许可证、成员资格、技术知识
角色和任务分配	管理	新产品原型、专利、许可证、经验知识
	开发	新产品
	集成、整合	新工艺、工艺原型、专利、经验知识、科学技术知识、资格
	评估	产品标准、出版物
企业自身能力		产品改进、新工艺、经验知识、技术知识
成员间的协作程度		新产品、工艺改进、专利、许可证、出版物、经验知识

国内对技术学习过程的探讨目前主要集中在从技术引进到形成自主创新能力的过程中，例如创新学习（傅家骥、姜彦福、雷家骕，1992）、研究开发中学习（王伟强、吴晓波和许庆瑞，1993）、模仿学习（施培公，1999）、组织学习（张钢，1999），从合作创新的角度对企业技术学习的研究还不多见。

综上所述，国外对合作创新的研究已经涉及技术转移、技术学习和企业核心能力与资源问题，但研究仍主要停留在具体合作组织的实证研究上，总的来说尚未形成一套完整的理论体系。而研究合作创新、技术学习与企业核心能力的关系将成为未来一个重要的研究方向。

2.2.4　合作创新过程中的技术溢出

对合作创新的经济学分析建立在技术溢出效应的基础上。

技术"溢出效应"（Spillover Effect）是指通过技术的非自愿扩散，促进了其他企业技术和生产力水平的提高，是经济外在性的一种表现（李平，1999）。在分析外国直接投资（Foreign Direct Investment，FDI）的一般福利效应时，第一次把技术溢出效应视为 FDI 的一个重要现象（MacDougall，1960）。20 世纪 90 年代以来有关溢出的理论研究已经突破了以跨国公司为分析核心的旧框架，将合作创新现象融入了理论探讨，并且将博弈论大量引入技术溢出的分析，为合作创新建立了经济学理论基础。

对不完全竞争市场结构下 R&D 合作的研究开始于 Katz（1986），而建立的存在 R&D 溢出的两阶段双寡头博弈模型（Aspremont 和 Jacquemin，1988）为以后学者的研究奠定了基石。在 AJ 模型中，两厂商在第一阶段决定各自的 R&D 水平，在第二阶段参与古诺特（Cournot）产量竞争。

厂商的收益等于第二阶段的古诺特利润减去第一阶段的 R&D 开支。假定：①生产成本不变，但厂商的 R&D 行为有助于降低成本；②需求是线性的；③R&D 呈收益递减趋势；④R&D 阶段存在信息溢出的可能性，则存在两种情况：第一，非合作，厂商独立选择 R&D 和生产水平，实现各自利润的最大化；第二，在第一阶段，两厂商共同选择 R&D 水平使联合利润最大化，但在第二阶段进行产出竞争。由此得出如下结论：如果 R&D 溢出足够大，竞争厂商间的研发合作协议相对于非合作来说将增加研发投入水平，但仍然小于社会最优投入水平。

通过构建了一个具有溢出效应的简单寡头模型，检验了研究开发合资企业（Research Joint Venture，RJV）的均衡和最佳规模（Poyago-Theotoky，1995）。由此得出如下结论：①与非合作模式比较，RJV 厂商进行更多的 R&D 开支，可消减更多的成本；②除非外围厂商（非 RJV 厂商）也能像 RJV 厂商一样可以完全分享信息，否则 RJV 厂商总能比外围厂商取得更多的收益；

③根据信息溢出值的大小，市场不可能为厂商间的最佳合作提供足够的激励，所以 R&D 联合厂商的均衡规模通常小于最佳水平。

在 AJ 模型的基础上，引入次优福利函数作为福利标准，检验了 R&D 合作对社会收益的正效应（Suzumura，1992）。考虑到企业的创新潜力并不是依赖于其当前的研发投资水平，而是依赖于成长过程中研发投资的积累，采用了动态垄断模型；并且考虑到企业具有不同的特征，采用了非对称垄断模型（Petit 和 Tolwinski，1999）。

上述研究得出结论：①R&D 溢出是现实存在的并且可能很大。②溢出不仅存在于产业内而且存在于产业间，溢出大小因产业不同而不同。③合作研发可以弥补某些市场缺陷，有助于研究开发和创新，合作研发使企业将 R&D 溢出内部化，协调彼此之间的研究活动，节省研发投入，增加研发产出。④合作研发通常具有正的社会福利效益。⑤市场不可能为企业间的最佳合作规模提供足够的激励，所以进行合作研发企业的均衡规模通常小于最佳水平。

2.2.5　供应链中合作创新的利益分配方式

从供应链管理的角度出发研究合作创新的利益分配方式已经成为了合作创新的研究热点之一，国内外学者对此进行了深入研究。

供应链的概念最早出现在 20 世纪 80 年代，供应链可以看做是一种在产品生产和流通过程中所涉及的原材料供应商、生产商、分销商、零售商以及最终消费者等成员通过与上游、下游成员的连接组成的网络结构。

供应链协作包括企业内各部门协作和企业间协作。供应链协作就是供应链成员为了满足顾客的需求，将产品经济有效地、准时可靠地送达目的地的所有活动。供应链中的合作创新是一种供应链纵向协作，就是供应链成员间共同确立并遵守相同的规则，并在协调与配合的基础上主动进行企业间的深层次合作，协作目的是企业成员间在一定时期内共享技术信息、共担技术创新风险、共同获利。从供应链协作和知识管理的角度出发，近年对知识供应链中的合作创新研究正在不断深入。

日本政府的一系列研究资助计划中，有 1/3 的资助机制是为"大学—产业—政府"这个网络内的资源合作开辟通道。通过构造一个职能系统以控制这种"社会—学术机构—个人"网络的合作效果，此系统的中心是把赞助商和制造商的研发团体联系起来提高其合作创新能力，并由赞助商控制研发基金的使用，由研发机构贡献他们的研发能力。对美国、德国、法国的"政府—大学—产业"之间的跨领域伙伴关系进行分析发现，超越组织界限的知识分享使合作更易于实现，而合作又促进形成相互之间的信任关系以及建立长远合作的社会基础。理解这种合作研究的本质、过程、内容以及技术研发的风险投入，无论是对于政府政策的制定还是合作策略的形式以及其中的伙伴关系都具有重要意义。

吕海萍等人运用浙江省产、学、研相结合调研所得的第一手资料，详细分析了产、学、研相结合中的动力机制和障碍机制。研究发现，无论对于企业还是高校或科研机构，利益分配不当均是排名前三位的障碍因素，尤其是对高校和科研院所而言，有 73.7% 的被访者选择了利益分配不当为产学研合作的障碍因素（吕海萍、龚建立和王飞绒等，2004）。

根据价值评价——利益分配的思路，提出了用期权——博弈整体化方法来尝试解决产、学、研结合项目利益分配的最优化问题，并通过实例对该方法进行验证，结果表明该方法能够实现合作各方资源贡献与利益分配的有机统一（任培民和赵树然，2008）。

通过我国供应链中产、学、研合作利益分配方式的实证分析，找出了利益分配冲突的问题所在及解决途径（嵇忆虹、吴伟和朱庆华，1999）。

研究发现，产、学、研合作的演化结果呈现出明显的初值依赖，并与合作收益的大小和收益分配公平度密切相关（Yang，2007）。

国内学者运用 Shapley 值法及合作博弈研究了产、学、研合作中的利益分配问题（罗利和鲁若愚，2001），构造了校企合作创新利益分配模型，证明了校企在合作创新不同阶段对分配方式具有不同偏好（鲁若愚，博家骧和王念星等，2003）。

国内学者对现实中采用的三种利益分配方式进行了分析，建立了混合分配下的校企合作博弈模型，并提出了相关参数的估算方法。基于混合利益分配模式，选取了工作努力水平、工作贡献系数、创新性成本系数等能够反映创新运行过程的有关参数，采用博弈论的相关理论，建立了校企合作创新的利益分配模型，并提供了模型有关参数的估算方法（詹美求和潘杰义，2008）。

但以上文献研究的均是如何对合作创新中的收益进行公平分配，没有涉及如何利用利益分配方式来降低合作成员道德风险。近年来，国内外学者逐渐开始了这方面的研究。采用平均分配收益的方式容易导致联盟成员采取投机行为，因此联盟应尽量避免采用平分收益的分配方式（Mody，1993）。

尽管平分收益存在道德风险，但在一定条件下，合作成员会减少甚至放弃投机行为，使平分收益的合作创新获得成功（Amaldoss，2000）。研究发现：①集中研发合作中，当市场收益 m 与企业研发投入 c 之比 m/c 较大时，即研发投资收益率较高时，平均分配和按投入比例分配方式下的合作成员研发投入没有差别；而当研发投资收益率较高时，按投入比例分配方式下的合作成员研发投入高于平均分配。②并行研发合作中，按投入比例分配方式下的合作成员研发投入始终高于平均分配方式。③两种分配方式下，集中研发合作的成员研发投入量均高于并行研发合作。

在阿曼达斯（Amaldoss）的研究基础上引入监督成本，分析了并行合作成员在两种利益分配方式下的投资策略（孙红侠和李仕明，2005）。研究发现：①监督成本不变的情况下，随着市场回报率的增加，合作成员投入资源的意愿就会增加；而当市场回报率不变的情况下，随着监督成本的增加，合作成员投入资源的意愿则会减少。②利益分配形式对合作伙伴资源投入决策的影响程度随着市场回报率和监督成本的变化而变化。当 $0 \leq F < 0.4c$ 时，影响程度随着 F 增大而逐渐减小。当 $0.4c \leq F \leq 0.5c$ 时，在 $c/m \in$（0.12，0.33）区间内，平分收益曲线和按投入比例分配有焦点 $(c/m)^*$，即在 $c/m = (c/m)^*$ 这点上，利益方式对资源投入决策无影响。当 $c/m > (c/m)^*$ 时，影响程度随着 F 的增大而逐渐增大，当 $c/m < (c/m)^*$ 时则相反。③当 $0 \leq F < 0.4c$ 时，按投入比例分配所能够得到合作伙伴资源投入的比例要大于平均分配。若 $0.4c \leq F \leq 0.5c$，当 $c/m > (c/m)^*$ 时，平分收益所能够得到的资源比例大于按投入比例所能够得到的资源；反之，按投入比例所能够得到的资源更多。

综上所述，有关供应链中合作创新的利益分配方式的研究，多是应如何对合作创新中的收益进行公平分配，较少涉及如何利用利益分配方式作为一种激励手段，通过分配方式的合理设计，防范合作成员道德风险。但由于上述研究假设过强，忽略了很多现实中广泛存在的影响因素，如研发技术风险、研发投资溢出效应等，与实际情况差距太大。

2.2.6　合作创新中的道德风险防范

合作创新中的成员道德风险是合作创新效率低下乃至合作失败的主要原因之一，因此如何防范道德风险一直是合作研发领域的研究热点，国内外学者从优选合作伙伴、强化控制、改进制度、完善契约以及政策法规等方面对此进行了研究。

（1）优选合作伙伴

有学者对跨国公司在中国选择高校研发合作伙伴的影响因素进行了研究（崔新健和宫亮亮，2008）。提出了六个假设，分别为：①合作伙伴的技术创新能力及知识产权情况越好则合作的满意度越高；②合作伙伴技术互补与兼容水平越高则合作的满意度越高；③合作伙伴（除技术以外）的客观资源水平越高则合作的满意度越高；④与合作伙伴之间的信任了解程度越高则合作的满意度越高；⑤与合作伙伴间的相容性水平越高则合作的满意度越高；⑥合作伙伴人力资本水平越高则合作的满意度越高。

作者采用李克特式量表法对相关变量进行衡量，并运用SPSS 软件对问卷回收的数据进行 Pearson（皮尔森）相关分析。Pearson 相关分析表明，选择高校 R&D 合作伙伴的影响因素与满意度均存在正相关关系，其中①、④、⑤、⑥相关性检验；②和③未通过检验。

有关学者的研究表明，在华跨国公司选择高校研发合作伙伴的影响因素主要为双方的相容性、信任了解程度、合作伙伴的技术创新及知识产权情况以及人力资本水平四个因素，其中，相容性和信任了解程度是跨国公司选择时首要考虑的因素。

通过对欧盟七国研发外包的实证分析，研究了中小企业与公共研发机构合作研发的影响因素（Fontana、Geuna 和 Matt，2006）。研究发现，企业的规模、开放程度（用企业找寻、选择和邀请公共研发机构进行合作的意愿表示）以及企业参与制定公共研发机构的相关法规是影响中小企业研发外包成功率的重要因素。

国外学者对瑞典企业选择研发外包合作伙伴的标准和影响因素进行了实证研究。研究发现，企业和高校的选址也是影响研发外包的重要因素（Karlsson 和 Andersson，2006）。

针对如何从多个候选 R&D 合作成员中选择最理想的 R&D 项目合作成员的问题，我国学者提出了一种操作性较强的选择方法（王良和杨乃定，2005）。首先通过静态博弈得到了候选 R&D 合作成员进行某 R&D 项目合作时竞标价格的可行区间，在考虑专家采用模糊多粒度语言进行期望获利度评价的状况下，运用基本语言转换函数将评价信息进行集结，据此确定候选 R&D 合作成员的期望获利度和优化的竞标价格。在给出价格满意度与工期满意度公式的基础上，利用效用值法将基于不同满意度下的排名决策信息进行一致化处理，最后采用互补判断矩阵中的排序公式来选择理想的 R&D 项目合作成员。

国外学者对如何确定研发合作伙伴的选择基准进行研究（Razmi、Ghaderi 和 Ahmed，2005），首先阐述一些传统方法的优势和不足之处，接着从理论上和实例上证实了层次分析法在确定研发合作伙伴的选择基准上是一种非常简单但却非常适用的方法。

（2）强化控制

根据前期合作经历将潜在的合作伙伴分为友好、熟习和陌生三个等级，通过对 1 159 个合作创新的实证研究发现，对于基础性的研究，选择友好级的合作伙伴多于陌生级，而陌生级却多于熟习级，即三个等级间不具有传递性。此外，企业将优选伙伴、合作创新的规模和控制模式选择作为合作中知识产权的保护机制（Li、Eden 和 Hitt 等，2008）。

从战略联盟的动机出发，研究了实现不同合作目标所应采取的控制方式及其对合作绩效的影响（苏中锋、谢恩和李垣等，2007）。论文提出了基于契约的正式控制和基于信任的社会控制（即非正式控制）两种合作控制方式，并以一系列的财务和非财务指标作为客观评价指标，以及合作创新的满意程度、合作创新目标的完成程度作为主观评价指标衡量合作创新绩效。其研究表明，正式控制、社会控制和绩效的关系都是非线性的，随着控制水平的加强，两种控制方式对绩效的影响效率都是下降的。该结论有利于帮助一些企业改变以往一些错误的观点，实现更好的合作控制，提高合作的绩效。

（3）完善契约

国内学者在"关系契约"概念基础上构建了一个发包方与承包方的重复博弈模型，分析了关系契约的基本特征，并指出如何应用关系契约对正式契约进行补充（王安宇、司春林和骆品亮，2006）。

借鉴里昂惕夫（Leontief）的工资和就业模型以及弗里德曼（Friedman）的触发策略模型，假定博弈参与者只有一个风险中性的外包者和一个风险中性的承包者，双方进行重复博弈。其研究显示：研发项目外包者和承包者之间的对称性关系契约只与技术成果价值的波动幅度有关，而与承包者的研发生产率系数及私人成本系数等特征参数无关。基于此，作者提出建议：在实践中，外包者可以将项目经费分为两部分，一部分以正式契约标的的实现程度作为支付依据，另一部分以关系契约"标的"的实现程度作为支付依据。并且在根据关系契约支付的实践中，如果存在代理人市场，则委托人就可以形成只按技术成果价值高低而非"辛苦"程度付酬的惯例。这样可以使承包者更加关注未来收益，从而在实施短期投机行为时有所顾忌。

基于布尔（Bull）建立的关系契约模型，同时考虑代理方

——研究机构的约束条件，利用重复博弈分析厂商与研究机构间最优的长期契约安排（吴华清、梁樑和古继宝，2007）。

其研究显示：①如果长期研发合作收益大于短期的违约诱惑，那么契约双方，即厂商与研究机构之间就有可能进行长期研发合作；②这种长期研发合作受到以下三个因素的影响：厂商对于新技术的效用评价、研究所的收益水平以及社会折现率，其中社会折现率对于双方长期合作的影响最大。

国外学者研究了在承包方对研发成果价值的评估为其私人信息，且发包方无法控制承包方努力程度的条件下，发包方如何设计最优外部契约以防范道德风险。文中的外包契约包含预支费用、阶段性付款以及专利费等（Crama、Reyck 和 Degraeve，2008）。论文运用委托代理理论建立起研发外包博弈模型，研究发现，在逆向选择中，外包契约的结构会随着承包方对研发成果价值的评估的改变而变化。只有风险规避型的发包方应该向承包方支付预支经费和阶段性付款。道德风险不仅会降低发包方的收益，而且会在逆向选择中给发包方带来额外损失。

摩拿斯（Morasch）对如何通过合作契约的选择和设计防范合作成员道德风险进行了研究（Morasch，1995）。研究表明，当合作研发的协同效应很小，且可以用适当的专利费协议防范因努力程度不可观察导致的双边道德风险时，事前交叉许可协议是合作研发的首选；当专利费是以研发成功与否为支付标准，交叉许可协议可以促使联盟成员选择最优努力程度。但是，当无法判断研发是否成功，因而以实际的技术转移为专利费支付标准时，合作创新将不得不降低其成员的最优努力程度。

（4）政府激励

在 AJ 模型的基础上建立了一个具有吸收能力的非合作研发博弈模型，比较了有和没有吸收能力情况下的 R&D 投资影响，并探讨了产品替代与互补关系下的技术溢出选择对产业的影响和社会最优选择的 R&D 投资水平及其补贴激励政策（杨仕辉、熊艳和王红玲，2003）。研究表明，若两企业都申请补贴，在线性需求曲线时，给定 50% 的补贴将使社会水平最优化。然而，若不值得申请补贴，而政府仍坚持申请补贴必须信息共享，就会扭曲 R&D 投资决策，则不能实现社会水平最优化，因此补贴应有条件，即企业 R&D 投资水平低于合作均衡。

玛索（Marceau）对澳大利亚不同行业的研发动态进行了实证调研（Marceau，2002），分析了旨在提高研发投入的财政政策及相关方法的局限性。研究发现，任何国家层面的而非针对特定行业的做法都很可能无法实现激励所有行业都需要的研发活动，尤其是对于如澳大利亚和新西兰这种大多数研发投资都是在海外的国家更是如此。与之对应的是，该文研究发现，一种名为"行动纲领"（Action Agenda）的方法在澳大利亚广泛用于刺激特定行业发展，该方法正被修改以图覆盖更多的参与者，尤其是公共研发部门，并优先资助行业的研发活动，以此促进整个行业而非单个企业的发展。基于此，作者建议政府在激励企业研发投资时，应扩大激励范围，将公共研发机构和下游行业涵盖到激励计划中，以达到促进研发的目的。

我国学者运用博弈原理分析了我国中小企业产、学、研合作研发中存在的问题，以及政府在促进产学研合作研发中所起的作用，并借鉴国际经验提出了政府行为的完善方向（李文鹣、孙林杰和谢刚，2005），提出了相应政策建议，包括政府资助联合开发并加强管理，扶持企业联成网络，加强对产、学、研活动的中介服务体系的建设，促进科研机构、大学和企业间的人才流动等。

从美国、日本、欧洲政府机构的角度，通过微观计量经济学模型相关文献，分析合作 R&D 的资助绩效，并评价其经验与不足（吴秀波，2006）。

论文提到欧文（Irwin）和克列诺（Klenow）对美国 SE-

MATECH 研究联合会的绩效评价。SEMATECH 联合会的过半资金（大约每年 2 亿美元）来源于联邦政府的拨款资助。评价结果是，Irwin 和 Klenow 认为从社会成本和收益角度来看，SE-MATECH 项目是成功的，因为政府花费 2 亿美元，节省私人机构的 R&D 资金大约为 3 亿美元。

对日本半导体产业以及其他高科技产业研究联合会的绩效进行评估的是 Branstetter 和 Sakakibara。日本的研究联合会主要由日本政府资助，政府大约分摊了研究项目 2/3 的费用。Branstetter 和 Sakakibara 通过研究认为：①参加 R&D 联合会的成员企业倾向于较高的 R&D 支出；②参加 R&D 联合会的成员可获得较高的研究生产率；③R&D 联合会增加知识的溢出效应。

对欧盟促进企业间合作 R&D 绩效进行考察的是本弗泰勒（Benfratello）和塞姆贝勒里（Sembenelli）。他们对欧盟的两个著名合作研发项目 FPST 和 EUREKA 进行了考察，他们主要利用从 AMADEUS 数据库和欧盟委员会提供的两个数据库获取的数据以及三种业绩测度：劳动生产率、全要素生产率（TFP）和价格成本边际。本弗泰勒（Benfratello）和塞姆贝勒里（Sembenelli）的结论是：采用如上所述三种测度，与控制样本相比，参与 EUREKA 计划下的 RJV 项目比较成功，参与 FPST 计划下的 RJV 项目则不太成功。他们分析两者激励效果不同的原因在于追求目标和管理体制的差异。

由以上分析可以看出，国内外从优选合作伙伴、强化控制、改进制度、完善契约以及政策法规等方面对如何防范合作成员道德风险展开了广泛、深入的研究。但事实上，不同合作方式和利益分配方式下的道德风险和成员投资策略并不相同，可以通过一定的机制设计，使得合作成员在自利行为的驱使下自愿减少投机行为，增加研发投入量，促进合作创新的成功。而目前对于如何通过合理的利益分配方式和合作方式的选择来防范双边道德风险的研究还较少。

2.3　研究现状综合评价

通过以上分析可以发现，在合作创新领域的道德风险防范、机制设计以及利益分配方式等方面的研究，具有以下特点和不足：

①在为数不多的研究中忽略了很多现实中广泛存在，并对合作成员投资策略产生重大影响的因素，如技术创新的溢出效应等，其所研究的环境与现实情况差距较大，所得结论难以用于指导实际工作。因此，有必要研究在技术创新的双向溢出效应、混合溢出效应等环境下，如何通过合理的利益分配方式、成本分摊机制和合作方式的选择，设计出适用的激励机制以防范合作成员道德风险。

②在目前对合作创新道德风险防范的研究中，一般只考虑了研发机构或上游企业的道德风险，很少涉及供应链中的双边道德风险下的激励机制设计问题。但在现实生活中，在合作创新的过程中，上游企业负责产品研发或负责生产中间产品，下游企业负责产品的市场导入、生产、销售等环节，双方拥有各自的私人信息，也均是以自身利润最大化为目标决定其在合作创新中的努力程度或资源投入量，因此合作创新中双方均可能采取告知虚假私人信息、降低努力程度或研发投入的投机行动，即合作创新存在双边道德风险、双边逆向选择问题。因此，有必要对双边道德风险环境下的合作创新机制设计进行研究，找出不同市场条件下的最优利益分配方式，以此引导合作双方如实告知其私人信息并付出应有努力或投入足够研发资源，运用市场手段促使双方在自利行为的驱使下自愿放弃投机行为，促进合作创新的成功。

3 双边道德风险下的供应链纵向合作创新序列机制研究

3.1 引言

　　全球化市场竞争的加剧使得企业必须采取与之相应的创新模式，为了提高企业的核心竞争力并充分利用各地的优势资源，企业在进一步专业化的同时，加强了与供应链上游企业的分工合作。供应链上下游企业的合作越来越重要，合作的内容也从基于供应链的商务管理进一步发展为基于任务流的敏捷化协同创新。产品开发时间的长短对最终产品在市场上成功与否，以及企业生存起到至关重要的作用。在供应链上下游企业协同创新中，供应商早期参与协同创新是缩短产品开发时间的重要手段。然而，由于知识要素投入难以精确计量，以及技术成果价值和上游企业研发机构的研发能力难以确切描述和量化，从而导致供应链合作创新中存在合作成员告知虚假私人信息、降低努力程度或创新投入的道德风险，由于道德风险的存在导致了大量供应链合作的失败。因而合作创新竞争优势能否实现，主要取决于合作机制能否降低或消除当事人之间的信息不对称，从而降低甚至消除双方的机会主义行为。

国内外学者对供应商参与合作创新进行了深入研究。供应商参与合作创新能够有效缩短产品开时间，但是，供应商参与合作创新对产品质量和产品开发时间的影响是不同的，在它们间存在着一个权衡（Ragatz、Handfield 和 Scannell，1997）。把影响供应商参与合作创新的因素分为公司组织、项目以及供应商关系三个层面进行研究（Van Echtelt 和 Wynstra，2001）。影响双方合作创新策略的主要影响因素包括：市场和技术的不确定性；创新的依赖性；供应商的依赖程度；公司规模大小以及生产的复杂性等（Wynstra、Axelsson 和 Van Weele，2000；Wynstra 和 Ten Pierick，2000）。提出项目创新程度也是影响供应商参与的因素之一，因此对于不同的创新程度的项目供应商参与的程度和方式是不同的，因此需要采取不同的管理办法。制造商的承诺、相互依赖性、产品的技术创新度以及供应商能力等均对供应商参与合作创新的意愿产生影响（LaBahn 和 Krapfel，2000）。在产品开发过程中，下游企业与上游企业的结构化互动协调能力对供应商参与合作创新非常重要。通过对供应商参与技术创新模式的研究，分析了供应商参与技术创新的原因和作用，并以宝钢集团有限公司为例进行了论证（许庆瑞、蒋键和郑刚，2004）。下游企业不仅要管理合作创新中的风险，更要激励企业间为共同目标而相互协调（刘莉、仲伟俊和张晓琪，2005）。但以上研究均未涉及供应商参与合作创新中双边道德风险的防范和激励问题。

基于此，本章对双边道德风险的供应链合作创新序列机制设计进行研究。本章研究的思路，在双边道德风险条件下，通过设计不可协商契约中的序列机制，使双方于事后直接向对方传递私人信息，并且该机制能够提供诱因（或威胁）让双方真实揭露自己的私人信息，从而使合作创新契约的结果建立在合作双方的真实类型上，使双方自愿放弃投机行为。从而通过序列机制，不仅合作创新契约能够产生有效的结果，还能使双方专用资产投资达到最优水平。

3.2 模型建立

供应链下游企业寻求与拥有研发机构的上游企业进行某个技术领域的合作创新（如上游手机企业研发机构与下游手机制造企业展开合作创新，或者 Caixon（香港凯信通讯科技）的手机研发部与海尔手机制造商展开手机重力感应软件的开发。Caixon 与海尔合作研发原因主要有三点：一是海尔还没有掌握太多手机重力感应软件的技术，因此海尔自己开发更加丰富的产品有难度或者市场等不及；二是市场规模和双方自身的规模还没有足够大，自己开发并不经济；三是产品利润率很高，即使共享一部分利润，仍然有很大的获利空间）。

本章考虑在签约前后并未出现其他潜在的下游企业或上游企业，且双方对风险的态度皆为风险中立。合作双方于时点 t_0 签订一个短期合作创新契约，双方在合约中约定在 t_2 期进行交易，交易内容记为（q，m），q 代表新技术的交易水平，m 表示上游企业对下游企业的货币移转支付。q 可作为新技术的数量、质量甚至是运送的日期等，$q \in [0, \infty]$。

本章假设该项新技术对上下游企业的价值（以下简称为"新技术价值"），以及上游企业研发机构研发该技术的创新成本（以下简称为"创新成本"）均为 q 的连续可微函数，即新技术价值为 V（q；θ^e），创新成本为 C（q；θ^u）。

影响下游企业评价与上游企业研发机构成本的，除交易水平外还有合作双方的类型 $\theta = (\theta^e, \theta^u) \in \Theta$，其中，$\Theta$ 为合作双方有界的类型空间，θ^e 为下游企业类型，θ^u 为上游企业研发机构的类型，且双方的类型由外在环境变量 w，下游企业的专用资产投资 e，以及上游企业研发机构的专用性资产投资 u 所构成，即，$\theta^e = (w, e)$，$\theta^u = (w, u)$。其中，$w \in [0, 1]$ 为随机变量且于 t_1 期实现，但在签订契约的 t_0 期双方皆无法预知其真实值（w 可作为技术、市场及下游企业等不确定性因素的描述）。不失一般性，假设 w 为双方所共同面对的外部环境，其分布函数为 F（w），且 F（w）为事前合作双方的共同知识。此外，双方于签约后，w 实现前独立投入各自的专用资产投资 $e \in [\underline{e}, \overline{e}]$，$u \in [\underline{u}, \overline{u}]$，且双方在 t_1 期后可相互观察到对方的专用资产投资，但却无法向第三方仲裁机构证实，因此，无法于事前写入契约之中加以规范。

下游企业的专用资产投资 e，以及上游企业研发机构的专用性资产投资 u 的直接成本分别为 CE（e），CU（u），且满足：

$$CE' = \frac{dCE}{de} > 0, \quad CE'' = \frac{dCE'}{de} > 0;$$

$$CU' = \frac{dCU}{de} > 0, \quad CU'' = \frac{dCU'}{de} > 0。$$

即双方的直接成本随着投资的增大而提高，且边际成本也随着投资的增大而提高。

由于双方在 t_1 期后可相互观察到对方的专用资产投资，但却无法向第三方仲裁机构无法证实，因此，t_1 期后双方才能观察到无法向第三方仲裁机构证实的彼此类型（即双方在 t_1 期后才能了解彼此的评价与成本函数）。

不失一般性，本章进一步假设新技术价值 V（q；θ^e），创新成本 C（q；θ^u）为其所有变量的连续可微函数，且满足以下性质：

$$V_q = \frac{\partial V}{\partial q} > 0, \quad V_{qq} = \frac{\partial V_q}{\partial q} < 0, \quad V_e = \frac{\partial V}{\partial \theta^e} > 0;$$

$$C_q = \frac{\partial C}{\partial q} > 0, \quad C_{qq} = \frac{\partial C_q}{\partial q} > 0, \quad C_{\theta^u} = \frac{\partial C}{\partial \theta^u} < 0, \quad C_{q\theta^u} = \frac{\partial C_q}{\partial \theta^u} =$$

$$\frac{\partial^2 C}{\partial q \partial \theta^u} < 0。$$

即，对下游企业而言，新技术价值随着新技术的交易水平的增大而提高，且边际价值随着新技术的交易水平的增大而降低，新技术价值随着下游企业类型的增高而提高，即下游企业类型越高，新技术对于下游企业的价值越大；对上游企业研发机构而言，创新成本随着新技术的交易水平的增大而提高，且边际成本随着新技术的交易水平的增大而提高，创新成本会随着上游企业研发机构类型的变高而降低，即上游企业研发机构类型越高创新成本越低，且边际成本也随着上游企业研发机构类型的变高而降低，即上游企业研发机构类型越高边际成本也越低。

对于任意的 $\theta \in \Theta$，$V(0; \theta^e) = C(0; \theta^u) = 0$，即交易水平为 0 时，新技术价值和创新成本均为 0。

$V_q(0; \theta^e) > C_q(0; \theta^u)$，$V_{qq} - C_{qq} < 0$，$\lim\limits_{q \to \infty} [V(q; \theta^e) - C(q; \theta^u)] < 0$，即，当 $q = 0$ 时，新技术边际价值大于边际创新成本，因此，该技术值得研发；而新技术边际价值的增长速度小于边际创新成本的增长速度，且随着交易水平增加到足够大时，新技术价值小于创新成本，这时，该技术就不值得研发，即交易水平不能无限大，可选择边际价值等于边际创新成本的交易水平。

此外，对于任意 $\overline{\theta^e} = (w, \bar{e})$，$\overline{\theta^u} = (w, \bar{u})$，$\overline{\theta} = (\overline{\theta^e}, \overline{\theta^u})$，$\overline{\theta} \in \Theta$，当 $\theta > \overline{\theta}$ 时，$q(\theta) > q(\overline{\theta})$，即，在任意外部环境下，双方的专用性资产投资越高，该技术越值得研发，因此交易水平就越高。

双方合作的时序如图 3.1 所示。

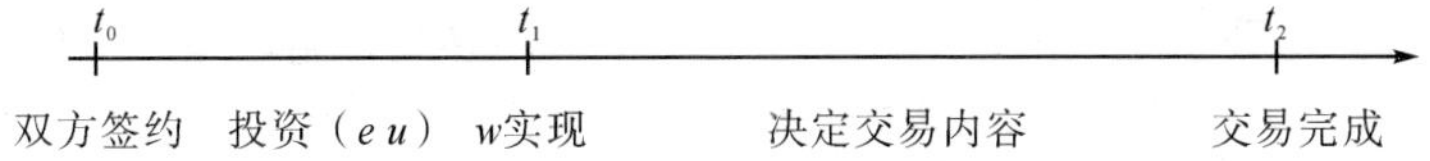

图 3.1　合作创新时间序列

图 3.1 中，t_2 期后下游企业的利润函数为：

$$\pi^e = V\ (q;\ \theta^e)\ -m \qquad\qquad (3.1)$$

上游企业研发机构的利润函数则为：

$$\pi^u = m - C\ (q;\ \theta^u) \qquad\qquad (3.2)$$

给定双方的类型 $\theta \in \Theta$ 以及新技术价值 $V\ (q;\ \theta^e)$ 和创新成本 $C\ (q;\ \theta^u)$ 的性质，必定存在着一个使合作创新总利润最大的交易水平：

$$q^* \in \underset{q}{\mathrm{argmax}}\ [\ \pi^e + \pi^u\ ]$$

$$\in \underset{q}{\mathrm{argmax}}\ [\ V\ (q;\ \theta^e)\ -C\ (q;\ \theta^u)\ ] \qquad (3.3)$$

由（3.1）式、（3.2）式和（3.3）式可知，双方希望能找到最优的交易水平 $q^*\ (\theta)$ 和交易价格 $m^*\ (\theta)$ 使得合作创新总利润最大化，即双方希望能找到一单值之序对的最优组合：

$$\mathrm{maxf}\ (\theta) = (q^*\ (\theta),\ m^*\ (\theta)) \qquad (3.4)$$

由图 3.1 可知，下游企业不可能在 t_0 时刻与上游企业研发机构签订一个由双方类型 θ 所决定的 $q^*\ (\theta)$，$m^*\ (\theta)$ 的合作创新合同。

若双方约定在 t_1 期后不对契约进行再协商，则双方可以制定一个在 t_1 期后能够运作的机制，这个机制可以使合作双方在某一类型 θ 下选择执行 $\mathrm{maxf}\ (\theta)$。若要制定出这样一种机制，双方必须做的事情就是在合作创新合同中对此加以规定。不妨假定下游企业拥有足够的影响力，要求上游企业研发机构在 t_1 期后先揭示其类型 θ^u，下游企业在观察到上游企业研发机构的类型θ''之后再决定交易内容（$q(\theta)$，$m(\theta)$）；下游企业的目的就是希望通过图3.1中的序列机制促使上游企业研发机构真实揭示其类型。该序列机制可以分成两个阶段，在第一个阶段，上游企业研发机构揭示类型θ''，在第二个阶段，下游企业若同意上游企业研发机构所揭示的类型，就进行交易（$q(\theta)$，$m(\theta)$），若下游企业不同意上游企业研发机构揭示的类型，则下游企业提出并执行另一组交易（$q(\bar{\theta})$，$m(\bar{\theta})$），且上游企业研发机构需缴纳一笔罚款 F 给事先指定的第三方仲裁机构。

在这个序列机制之下，在 t_1 时刻点首先由上游企业研发机构揭示其类型，若真实的情况为 $\bar{\theta} \in \Theta$，且上游企业研发机构真实揭示其类型为 θ''（下游企业的类型为 $\bar{\theta}^e$），则下游企业将不会挑战上游企业研发机构的揭示。如果上游企业研发机构揭示为 θ''，下游企业就可以提出另一组交易（$q(\bar{\theta})$，$m(\bar{\theta})$），并且执行这组交易；对上游企业研发机构而言，除进行交易（$q(\bar{\theta})$，$m(\bar{\theta})$）之外，还需要缴纳一笔罚款 F 给双方事先约定的第三方仲裁机构。由于下游企业可以在第二阶段观察到上游企业研发机构的揭示类型，因此，上游企业研发机构在第一阶段揭示其类型时必须要考虑到下游企业在第二阶段的反映。

在这个序列机制中，双方可以在图3.1的 t_1 时刻点与 t_2 时刻点之间决定（q，m），在 t_0 时刻点可以设计有序列机制的合作创新合同，该合同包括以下主要内容：

①下游企业与上游企业研发机构同意于 t_1 时刻点后执行该序列机制，如有一方拒绝执行，则拒绝方需付罚款 F 给另一方；

②由该序列机制决定下游企业与上游企业研发机构在 t_2 时刻点的交易水平 q 以及下游企业支付给上游企业研发机构的费用 m；

③下游企业与上游企业研发机构在签订合同后不再对序列机制进行协商。

由（3.4）式可知，在真实状态 θ 下，当双方能根据彼此类型来制定合作创新合同时，存在一个使合作创新总利润最大的选择组合：$\max f(\theta) = (q(\theta), m(\theta))$。给定该组合，则合作双方在 t_0 时刻到 t_1 时刻之间投入的最优专用资产投资水平 (e^*, u^*) 可定义为：

$$(e^*, u^*) \in \underset{e, u}{\arg\max} \int_0^1 \left[V(q^*(e, u); \theta^e) - C(q^*(e, u); \theta^u) \right] dF(w) - CE - CU \qquad (3.5)$$

由（3.1）式、（3.2）式以及（3.5）式所得到的结果 (e^*, u^*) 是合作创新纳什均衡，如果有一方的行动使得合作未达到该最优结果，则另一方就可以根据该合同的规定进行惩罚。

3.3 模型分析

根据前面的序列机制可知，上游企业研发机构在第一阶段的策略集合为｛真实揭示其类型，不真实揭示其类型｝（以下简称为｛真实揭示，不真实揭示｝），下游企业在第二阶段观察到上游企业研发机构行动后，决定接受上游企业研发机构揭示类型（以下简称为接受），或挑战上游企业研发机构揭示类型（以下简称为挑战），则下游企业的策略集合为｛接受，挑战｝、｛接受，接受｝、｛挑战，接受｝、｛挑战，挑战｝。命下游企业真实类型为 θ^e，上游企业研发机构的真实类型为 θ^u，则整个序列机制下的双方利润表 3.1 所示：

表 3.1　　　　　　　　　　θ 状态下的双方利润

		下游企业	
		接受	挑战
上游企业研发机构	真实揭示	$\pi^u(\theta^u;\theta^e)$, $\pi^e(\theta^u;\theta^e)$	$\pi^u(\bar{\theta}^u;\theta^e)-F$, $\pi^e(\bar{\theta}^u;\theta^e)$
	不真实揭示	$\pi^u(\bar{\theta}^u;\theta^e)$, $\pi^e(\bar{\theta}^u;\theta^e)$	$\pi^u(\theta^u;\theta^e)-F$, $\pi^e(\theta^u;\theta^e)$

序列机制下的双方博弈过程如下：首先由上游企业研发机构选择真实揭示或不真实揭示，接着由下游企业选择接受或挑战。若上游企业研发机构选择真实揭示，这时若下游企业选择接受，则交易内容为（q（θ），m（θ）），双方的利润分别为 $\pi^u(\theta^u;\theta^e)$ 和 $\pi^e(\theta^u;\theta^e)$；若下游企业决定挑战并提出（q（$\bar{\theta}$），m（$\bar{\theta}$）），双方的利润则分别为 $\pi^u(\bar{\theta}^u;\theta^e)-F$ 和 $\pi^e(\bar{\theta}^u;\theta^e)$。若上游企业研发机构选择不真实揭示，即揭示其类型为 $\bar{\theta}^u$，这时，若下游企业选择接受，则交易内容为（q（$\bar{\theta}$），m（$\bar{\theta}$）），双方的利润分别为 $\pi^u(\bar{\theta}^u;\theta^e)$ 和 $\pi^e(\bar{\theta}^u;\theta^e)$；若下游企业决定挑战，则双方的利润分别为 $\pi^u(\theta^u;\theta^e)-F$ 和 $\pi^e(\theta^u;\theta^e)$，序列机制下的双方博弈过程如图 3.2 所示。

在第二阶段，若给定上游企业研发机构类型为 θ^u，则类型为 θ^e 的下游企业面临的规划问题为：

$$\max_{q,m}\{V(q;\theta^e)-C(q;\theta^u)\}$$

$$\text{s. t}\quad \pi^u=m-C(q;\theta^u)\geq\bar{h}^u \tag{3.6}$$

（3.6）式中下游企业的目标是实现合作创新总利润的最大化，面临的限制条件则是上游企业研发机构的利润不低于其保留收益 $\bar{h}^u$。下游企业面临的规划问题中的约束条件只有上游企业研发机构的参与约束，这是因为下游企业知道上游企业研发机构的类型且可以通过序列机制促使上游企业研发机构真实揭

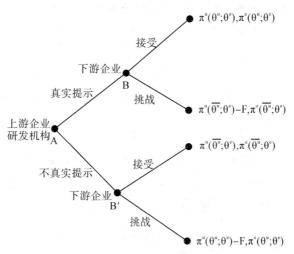

图 3.2 θ 状态下的序列博弈过程

示其类型 θ^u，因此，可以将上游企业研发机构的激励相容条件省略[①]。

$$\frac{\partial \left[V\left(q;\theta^e\right) - C\left(q;\theta^u\right) \right]}{\partial q} = 0 \text{ 可得：}$$

$$V_q = C_q \tag{3.7}$$

即，当新技术的边际价值等于上游企业研发机构的边际成本时，下游企业的利润实现最大化。

进一步假设上游企业研发机构可能的真实类型有两种，即，θ^u，$\overline{\theta^u} \in \Theta$，且 $\theta^u > \overline{\theta^u}$。不妨称 θ^u 为高类型，称 $\overline{\theta^u}$ 代表低类型。由创新成本函数的性质 $C_{\theta^u} = \frac{\partial C}{\partial \theta^u} < 0$ 可知，类型越高的上游企业

---

① 地方企业的目标本应为其自身利润的最大化，但是，由于研发机构的参与约束为紧约束，且地方企业为"完全理性人"，因此，研发机构的参与约束可简化为 $\pi^u = h^u$。而 h^u 为一固定常数，则地方企业的利润为合作创新总利润减去已固定常数，因此，地方企业自身的利润最大化等同于合作创新总利润最大化。

研发机构，创新成本越低，相对于高类型的上游企业研发机构，对低类型的上游企业研发机构，下游企业为多取得一单位的 q 必须支付较多的 m，即 $\dfrac{\partial}{\partial\, \theta^{u}}\left(\dfrac{\partial\, \pi^{u}/\partial\, m}{\partial\, \pi^{u}/\partial\, q}\right) < 0$。

图 3.3 中，斜率为正且递增的曲线为上游企业研发机构的无差异曲线（上游企业研发机构的无差异曲线斜率为 $\dfrac{dm}{dq} = C_{q} > 0$，且 $C_{qq} > 0$，即斜率随着 q 的增大而增大）。高类型上游企业研发机构的无差异曲线与低类型上游企业研发机构的无差异曲线仅相交于 A 点，且前者的边际替代率低于后者。（3.7）式表示下游企业在 q，m 平面的无差异曲线斜率为正但递减（即，$\dfrac{dm}{dq} = V_{q} > 0$，$V_{qq} < 0$），下游企业的无差异曲线与上游企业研发机构的无差异曲线相切，其切点即为不同类型下游企业面对高、低类型上游企业研发机构所提出的最优交易内容，分别如图 3.3 的 B、C 点所示，B、C 点亦为下游企业在不同真实状态下的分离均衡。图 3.3 的 D 点不满足（3.7）式，因为在不同的真实状态下，下游企业与上游企业研发机构的无异曲线相切在一点才使（3.6）式得以满足，类型为 $\overline{\theta}^{e}$ 的下游企业面对高类型的上游企业研发机构时不会提供 D 点的交易内容。

序列机制的运行过程如下，由（3.6）式可知，下游企业在第二阶段决策的目标分别为：

$$V\left(q\left(\theta\right); \theta^{e}\right) - m\left(\theta\right) > V\left(q\left(\overline{\theta}\right); \theta^{e}\right) - m\left(\overline{\theta}\right)$$
(3.8)

$$V\left(q\left(\overline{\theta}\right); \overline{\theta}^{e}\right) - m\left(\overline{\theta}\right) > V\left(q\left(\theta\right); \overline{\theta}^{e}\right) - m\left(\theta\right)$$
(3.9)

其中，（3.8）式表示类型为 θ^{e} 的下游企业选择（$q\left(\theta\right)$，

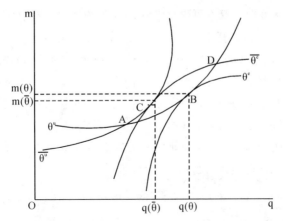

图3.3 下游企业与不同类型上游企业研发机构的分离均衡

m（θ））的利润大于选（q（$\bar{\theta}$），m（$\bar{\theta}$））的利润，（3.9）式表示类型为$\bar{\theta}^e$的下游企业选择（q（$\bar{\theta}$），m（$\bar{\theta}$））的利润大于选择（q（θ），m（θ））的利润。

当下游企业的类型为θ^e时，若上游企业研发机构的真实类型为θ^u，上游企业研发机构在第一阶段不会揭示$\bar{\theta}^u$类型，因为下游企业会提出挑战并要求执行（q（θ），m（θ）），只要任一大于0的罚款F就可以得出m（θ）$-C$（q（θ）；θ^u）$-F<m$（θ）$-C$（q（θ）；θ^u），上游企业研发机构揭示$\bar{\theta}^u$反而不利。同样，若上游企业研发机构在第一阶段真实揭示其类型θ^u，下游企业在第二阶段也没有动机提出挑战，因为（q（$\bar{\theta}$），m（$\bar{\theta}$））交易下的下游企业利润低于（q（θ），m（θ）），所以下游企业会选择接受。因此，整个序列机制的子博弈完美均衡为：（真实揭示，{接受，挑战}），双方可以依照彼此的真实类型来决定（q，m）。所以可以得出以下命题。

命题3.1：若双方应允不对原契约进行再协商，双方真实类

型序对为 θ 时，双方可设计合作创新契约的序列机制和交易内容 (q^*，m^*)，其中，新技术的交易水平为 $q^* = q$ (θ)，交易价格则为 m^* (θ) $= V$ (q；θ^u) $- (V - C)$ $+ A_0$，在该序列机制和交易内容下，上游企业研发机构将真实揭露类型，下游企业接受研发结构的揭示，且下游企业与上游企业研发机构的专用资产投资也达最优水平 (e^*，u^*)。

证明：给定上游企业研发机构的揭示 $\theta^u \in \Theta$，（3.8）式和（3.9）式可分别改写为：

$$V\ (q\ (\theta)\ ;\ \theta^e)\ -V\ (q\ (\bar{\theta})\ ;\ \theta^e)\ >m\ (\theta)\ -m\ (\bar{\theta})$$

$$(3.10)$$

$$m\ (\theta)\ -m\ (\bar{\theta})\ >V\ (q\ (\theta)\ ;\ \bar{\theta^e})\ -V\ (q\ (\bar{\theta})\ ;\ \bar{\theta^e})$$

$$(3.11)$$

将（3.10）式和（3.11）式的不等式两边同除以 $\theta^e - \bar{\theta^e}$，并令 $\theta^e - \bar{\theta^e}$ 趋近于 0，则（3.10）式和（3.11）式可表示为：

$$\frac{\partial\ m}{\partial\ \theta^e} = V_q \frac{\partial\ q}{\partial\ \theta^e}$$

$$(3.12)$$

对（3.12）式求积分可得：

$$m\ (\theta)\ =V\ (q\ (\theta)\ ;\ \theta^e)\ +A\ (\theta)$$

$$(3.13)$$

将（3.13）式代入上游企业研发机构的利润函数（3.2）式。则上游企业研发机构在第一阶段面临如下规划问题：

$$\max_{\theta} m\ (\theta) - C\ (q\ (\theta)\ ;\ \theta^e)$$

$$(3.14)$$

（3.14）式的一阶条件为：

$$\frac{dV}{d\theta} + \frac{dA}{d\theta} - \frac{dC}{d\theta} = 0$$

$$(3.15)$$

由于上游企业研发机构的最优选择是真实揭示其类型，因此，（3.15）式可整理为：

$$\frac{dA}{d\theta^u} = -\frac{dV}{d\theta^u} + \frac{dC}{d\theta^u} \qquad (3.16)$$

（3.16）式再对 θ^u 求积分后，可将（3.13）式能表示为：

$$m(\theta) = V(q(\theta); \theta^s) - (V-C) + A_0 \qquad (3.17)$$

其中 A_0 表示任意常数。给定（3.17）式，合作双方于事前决定最优的专用资产投资分别为：

$$e^\# \in \underset{e}{\text{argmax}} \int_0^1 \left[V(q(e, u^\#); w, e) - C(q(e, u^\#); w, u^\#) \right] d(F(w) - A_0 - CE \qquad (3.18)$$

$$u^\# \in \underset{u}{\text{argmax}} \left\{ A_0 + \int_0^1 \left[V(q(e^\#, u); w, e^\#) - C(q(e^\#, u); w, u) \right] dF(w) - \int_0^1 \left[V(q(e^\#, u^\#); w, e^\#) - C(q(e^\#, u^\#); w, u^\#) \right] dF(w) - CU \right\} \qquad (3.19)$$

其中，（3.18）式表示给定上游企业研发机构的专用资产投资 $u^\#$，下游企业于事前选择最优的投资水平；（3.19）式表示给定下游企业的专用资产投资 $e^\#$，上游企业研发机构选择的最优投资水平。由于（3.19）式中第二项积分式与上游企业研发机构专用资产投资的决策无关，因此，将（3.18）式、（3.19）式对比可知给定对方的最优投资，（3.18）式、（3.19）式中的下游企业与上游企业研发机构投资的边际报酬与（3.2）式相同，故合作双方专用资产投资的贝叶斯纳什均衡 $(e^\#, u^\#) = (e^*, u^*)$。

3.4 本章小结

合作创新序列机制设计的有效性是合作创新成功的重要保障。本章研究的是在不完全契约情况下，上游企业研发机构和下游企业形成的技术合作创新过程中，通过设计不可再协商契约中的合作创新序列机制，防止双边道德风险引发的机会主义行为，并激励双方的投资水平，实现合作创新总利润最大化。

研究表明，在不完全契约的情况下，通过设计一种不可再协商的契约，可以避免出现契约双方为了特定的目的修改契约，从而弱化参与人在履约过程中的机会主义动机。同时，为了避免上游企业研发机构在履约过程中研发投资不够的道德风险，可以在不可协商契约的基础上，设计一种合作创新序列机制。双方在 t_0 时签订不可再协商契约，上游企业研发机构同意于 t_1 期揭示自身类型，下游企业则决定是接受还挑战（如果挑战则上游企业研发机构面临罚款 F），最终形成 t_2 期双方交易的新技术水平 q 以及下游企业支付给上游企业研发机构的费用 m。在序列机制中，当下游企业的讨价还价能力足够大且上游企业研发机构面临罚款 F 时，上游企业研发机构在第一阶段会真实揭露其类型。否则，上游企业研发机构不会真实揭露其类型，下游企业挑战上游企业研发机构的揭示，也不能对上游企业研发机构产生可以置信的威胁。

此外，就传统的委托代理理论，在完全信息条件假设下，委托人（下游企业）能够观察到代理人（上游企业研发机构）的行动（如产出），则委托人能够设计让代理人选择有利于委托人的行动的分配方案；不过，这样的分配方案仍有其限制，例如代理人可能将低产出归因于运气不佳而非本身努力不够，倘若委托人坚持原有的分配方案，代理人在事前便有可能不与委托人签约。

与此类似的是，在供应链上下游企业合作创新契约中，虽然双方在事后可以观察彼此的类型，下游企业可依据上游企业研发机构的类型提出不同的交易内容，但却可能出现两种结果：

①上游企业研发机构坚持本身并非下游企业所观察到的类型，拒绝下游企业所提出的交易内容；当双方僵持不下时，即便诉诸法院仍无法解决这个难题，毕竟法院无力证实上游企业

研发机构真正的类型，契约也就无法强制执行。

②序列博弈出现非均衡路径。例如当下游企业的偿付为准线型函数时：$\pi^e = q\theta^e - m$，则可能出现如图 3.4 的情况，类型为 θ^e 的下游企业的无差异曲线同时与不同类型上游企业研发机构的无差异曲线相切，即 $(q(\underline{\theta}), m(\underline{\theta}))$ 与 $(q(\overline{\theta}), m(\overline{\theta}))$ 位于同一无差异曲线上的混合均衡情况。例如，取 $q(\underline{\theta}) = 7$，$m(\underline{\theta}) = 7$，$q(\overline{\theta}) = 5$，$m(\overline{\theta}) = 3$，$\theta^e = 2$，将不同的交易内容代入类型为 θ^e 的下游企业的利润函数均可得到 $\pi^e = 7$。此时类型为 θ^e 的下游企业观察到高类型的上游企业研发机构后可能会宣称对方是低类型而提出 $(q(\underline{\theta}), m(\underline{\theta}))$，对高类型的上游企业研发机构而言，除了必须执行 $(q(\underline{\theta}), m(\underline{\theta}))$ 外，还得负担罚款，这时揭示 $\overline{\theta}$ 反而更为有利，整个序列机制也将因此出现"上游企业研发机构—不真实揭示—下游企业—接受"的路径。为避免这个非均衡路径上的结果出现（序列机制的均衡为（不真实揭示，｛挑战，接受｝），这与机制设计目的不符），下游企业在 (3.6) 式的利润函数必须为单调函数，即类型为 θ^e 的下游企业面对高类型的上游企业研发机构时，有 $\Lambda(\overline{\theta}) > \Lambda(\underline{\theta})$，下游企业才不至于说谎，而这也是本章的基本假设。

本章的序列机制与委托代理模型的主要区别在于：在完全信息条件下的委托代理模型并不需要激励相容的限制条件（隐含第三方仲裁机构可以区别双方的类型），不过序列机制却可以补充必要的激励相容条件，使得上游企业研发机构在第一阶段愿意真实揭示类型。此外，委托代理模型并不讨论委托人的类型且假设其不会说谎，而在本书的序列机制中，下游企业的类型是决定交易内容的重要变量之一；虽然下游企业可以依照上

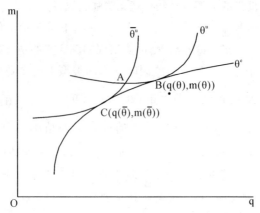

图 3.4　下游企业与不同类型上游企业研发机构的混合均衡

游企业研发机构的类型提出不同的交易内容，但这些交易内容却无法表现下游企业类型所产生的影响。不过，依靠序列机制，下游企业在上游企业研发机构真实揭示时也没有动机说谎，合作创新契约因此能够根据双方自身真正的类型而实现有效率的交易。

4 供应链纵向合作创新策略及成本分摊机制研究

4.1 引言

合作创新主要兴起于 20 世纪 80 年代。由于在很多产业，单个企业都面临范围和强度越来越大的竞争以及高速的技术变迁，产品的更新换代速度不断加快，单个企业的技术创新难度和投入越来越大，风险越来越高。特别是由于信息技术的广泛应用，技术更新的速度越来越快，根据美国国家计划委员会的研究，美国在 1990 年新技术的研发需要 35.5 个月，而到了 1995 年新技术的研发，则只需要 23 个月的时间，并且新产品的生命周期也越来越短，日益激烈的市场竞争迫使企业广泛寻求外部合作机会，以增加企业可获得的资源和知识，增强企业的市场竞争能力，于是，合作创新成为企业获得研发资源、保持竞争优势的重要手段。在这种情况下，越来越多的企业倾向于采用合作创新（Cooperative R&D）方式进行技术创新活动。

根据国际经验，合作创新一般有研究开发合同（R&D contract）、研究开发联盟（R&D consortia）以及研究开发合资企业（RJV）等主要组织架构形式。

当潜在创新者是市场竞争对手同时技术外溢效应很大时，合作创新有利于总体研发水平效率的提高（Katz，1986）。有学者分析比较了四种创新组织模式的效率（Kamien、Muller 和 Zang，1992），对存在着多家企业的产业进行了研究，并通过引进次优福利函数，检验了合作创新对社会收益的正效应（Suzumura，1992）。有学者研究了存在价格竞争和合谋情况的合作创新效率。在此基础之上，还研究了研发合作企业的最佳规模（Poyago，2005）。另外，也有学者对 AJ 模型进行了非对称的动态化（Petit 和 Tolwinski，1999）。针对合作创新的绩效，有学者对合作创新进行了实证分析（Hall、Link 和 Scott，2001）。

合作研发可以缩短新产品开发周期，降低开发风险和费用，提高产品质量和技术含量，因此近二十年来一直是学术界和实业界的研究热点之一。德·阿斯普莱蒙特（D'Aspremont）和格兰高尼（Jacquemin）开创性建立了存在研发溢出的双寡头合作博弈模型（D'Aspremont、C. 和 Jacquemin，1988）。众多学者在其基础上做了进一步研究（Choi Jay Pil，1989；Damiano 和 Avi，2005；霍沛军、陈剑和陈继祥，2002；侯光明和艾凤义，2006）。

虽然研究合作创新的文献很多，但大多集中于横向合作创新的研究，对纵向合作创新的研究为数不多（艾凤义和侯光明，2004；Banerjee 和 Lin，2001；李勇、张异和杨秀苔等，2005）。实际上，纵向合作创新方式是产业链中非常重要的合作创新方式（Vonortas，1997）。对日本公司合作创新的研究表明，有近90%的公司之间的合作创新是纵向合作（Rokuhara，1985）。对合作创新的实证研究，发现纵向合作创新才是大多数企业主要采用的合作创新模式（Vonorta，1997），因此有必要对纵向合作研发做进一步深入研究。

基于此，本章考虑供应链由一个上游寡头垄断企业和多个下游企业组成，建立供应链合作创新博弈模型，研究上、下游企业合作创新的投资策略，分析供应链上、下游企业进行合作创新的条件，提出供应链合作创新的两种成本分摊机制，并确定收入比例分摊法中的成本分摊比例，并分析合作创新对没参加合作创新的下游企业的利润以及下游企业产品购买者的消费者剩余的影响，为供应链合作创新策略的制定提供理论参考。

4.2 问题描述及模型建立

4.2.1 问题描述

在一个由一家上游寡头垄断企业和多家下游企业组成的供应链中（如芯片生产商与DVD生产商组成的供应链，或英特尔与戴尔、惠普等电脑生产商组成的供应链），上游企业向这几家下游企业提供同一种中间产品，下游企业用一个单位的中间产品生产一个单位的同一种最终产品，下游企业在最终产品市场上以古诺博弈展开竞争。

现上游企业计划进行一项降低单位产品生产成本的创新项目，上游企业需要决策的是否进行该项投资，以及是应该独立进行创新还是应该邀请下游企业共同创新。若上游企业决定邀请下游企业共同创新，就需要制定创新投入的分摊比例，而下游企业则需要决定是否参与合作创新。

上、下游企业间的博弈顺序如下：首先，由上游企业决定是否进行创新，以及创新方式；其次，上游企业生产中间产品并决定中间产品价格；最后，下游企业生产最终产品并展开古诺博弈。

4.2.2　模型建立

假设供应链由一家上游寡头垄断企业（用 u 表示）和 n 家下游企业（以 i 表示，i=1，2，…，n）构成。上游企业向这 n 家下游企业提供同一种中间产品，下游企业用一单位的中间产品生产一单位的同一种最终产品。最终产品的反需求函数为 $p=a-Q$，其中，$Q=\sum_{i=1}^{n}q^i$，q^i 为第 i 个下游企业的产量。上游企业产品的单位成本为 c_2，中间产品售价为 w，下游企业除了购买中间产品外，没有其他成本，在既定的中间产品价格下，下游企业以古诺博弈展开竞争。上游企业有一创新项目需投资 F，成功将使上游企业产品的单位成本降为 c_1，$c_1<c_2$，上游企业有三个选择：不进行创新投资（以 N 表示）、独立进行创新（以 I 表示）以及邀请下游企业共同创新（以 C 表示）。

若上游企业邀请下游企业共同创新，其中有 k 家下游企业愿意合作，共担风险和创新费用，分摊比例为 S，则各下游企业的分摊比例为 $\dfrac{S}{k}$，上游企业分摊比例为（1-S），本章称这 k 家下游企业为下游合作企业，不愿意合作的（n-k）家下游企业为下游非合作企业。为了激励下游企业参与合作创新，以及补贴下游企业的创新投入，上游企业与下游合作企业约定，将在研发成功后上游企业以 w_1（$w_1<w$）的价格向下游合作企业提供中间产品，而仍以 w 的价格向下游非合作企业提供中间产品。

下游企业的数量 n，最终产品的反需求函数 $p=a-Q$，上游企业创新前后的单位生产成本 c_2 和 c_1，创新投资 F 以及下游合作企业和下游非合作企业购买中间产品的价格 w_1 和 w 均为供应链上所有企业的共同知识。

给定中间产品价格（w_1，w），下游合作企业的利润为：

$$\pi_C^i \ (q_C^i) \ = \ (p-w_1) \ q_C^i - \frac{S}{k}F, \ i=1, \ 2\cdots, \ k \qquad (4.1)$$

下游非合作企业的利润为：

$$\pi_C^j \ (q_C^j) \ = \ (p-w) \ q_C^j, \ j=1, \ 2\cdots, \ n-k \qquad (4.2)$$

下游企业在产品市场上展开古诺博弈，各自以自身利润最大化为目标决定其产品产量，求解可得均衡时的下游合作企业的产量 q_C^i（$i=1, \ 2\cdots, \ k$）和下游非合作企业的产量 q_C^j（$j=1, \ 2\cdots, \ n-k$）分别为：

$$q_C^i = q_1 = \frac{a- \ (n-k+1) \ w_1 + \ (n-k) \ w}{n+1}, \ i=1, \ 2\cdots, \ k \qquad (4.3)$$

$$q_C^j = q_2 = \frac{a- \ (k+1) \ w+kw_1}{n+1}, \ j=1, \ 2\cdots, \ n-k \qquad (4.4)$$

（4.3）式和（4.4）式分别为下游合作企业和下游非合作企业的反应函数，即给定中间产品价格（w_1，w），则下游合作企业将生产 q_1 的产品，下游非合作企业将生产 q_2 的产品。

由于下游企业的数量 n、最终产品的反需求函数 $p=a-Q$ 为供应链上所有企业的共同知识，因此，上游企业也知道下游合作企业和下游非合作企业的反应函数，则上游企业将根据下游合作企业和下游非合作企业的反应函数确定中间产品价格（w_1，w），以最大化自身利润：

$$\pi_C^u \ (w_1, \ w) \ = k \ (w_1-c_1) \ q_1 + \ (n-k) \ (w-c_1) \ q_2 - \ (1-S) \ F \qquad (4.5)$$

求解可得下游合作企业购买中间产品的价格为：

$$w_1 = \frac{a+c_2}{2} - \frac{c_2-c_1}{2 \ (n-k+1)} \qquad (4.6)$$

由《垂直研发合作》（Banerjee 和 Lin，2001）可知：

如果不进行产品创新，中间产品价格为：

$$w = \frac{a+c_2}{2} \qquad (4.7)$$

上游企业和各下游企业利润分别为：

$$\pi_N^u = \frac{n(a-c_2)^2}{4(n+1)} \tag{4.8}$$

$$\pi_N^i = \frac{(a-c_2)^2}{4(n+1)^2}, \ i=1, 2, \cdots, n \tag{4.9}$$

上游企业独立进行创新时，上游企业和各下游企业利润分别为：

$$\pi_I^u = \frac{n(a-c_1)^2}{4(n+1)} - F \tag{4.10}$$

$$\pi_I^i = \frac{(a-c_1)^2}{4(n+1)^2}, \ i=1, 2, \cdots, n \tag{4.11}$$

由 (4.3) 式、(4.4) 式、(4.6) 式和 (4.7) 式可得均衡时下游合作企业和下游非合作企业的产量分别为：

$$q_1 = \frac{a-c_1}{2(n+1)} \tag{4.12}$$

$$q_2 = \frac{a(n-k+1)+(c_1-c_2)(n+1)}{2(n+1)(n-k+1)} \tag{4.13}$$

由 (4.1) 式、 (4.2) 式、 (4.6) 式、 (4.12) 式和 (4.13) 式可得均衡时上游企业、下游合作企业和下游非合作企业的利润分别为：

$$\pi_C^u(k, S) = $$
$$\frac{n(n-k+1)[(a-c_1)^2-(c_2-c_1)^2]+(c_2-c_1)^2 k}{4(n+1)(n-k+1)} - (1-S)F$$

$$\tag{4.14}$$

$$\pi_C^i(k, S) = \frac{(a-c_1)^2}{4(n+1)^2} - \frac{S}{k}F, \ i=1, 2\cdots, k \tag{4.15}$$

$$\pi_C^j(k, S) = \frac{[(a-c_1)k-(n+1)(a-c_2)]^2}{4(n-k+1)^2(n+1)^2}, \ j=1, 2\cdots,$$

$$n-k \qquad\qquad (4.16)$$

4.3 模型分析

4.3.1 供应链纵向合作创新策略

命题 4.1：当 $F \geqslant$

$$\frac{(c_2-c_1)\{2(n-k+1)[(a-c_2)(n^2+n)+(a-c_1)k]+(c_2-c_1)k^2\}}{4(n-k+1)(n+1)^2}$$

且 $F \geqslant \dfrac{n[(a-c_1)^2-(a-c_2)^2]}{4(n+1)}$ 时，供应链不进行创新。

证明：将（4.8）式减去（4.10）式可得：$\pi_N^u - \pi_I^u = F - \dfrac{n[(a-c_1)^2-(a-c_2)^2]}{4(n+1)}$，因此，当 $F \geqslant \dfrac{n[(a-c_1)^2-(a-c_2)^2]}{4(n+1)}$ 时，$\pi_N^u \geqslant \pi_I^u$，即上游企业不进行创新的利润不低于独立进行创新的利润，上游企业不会进行独立创新。

由（4.8）式、（4.9）式、（4.14）式和（4.15）式可知，上、下游企业合作创新时的上游企业及下游合作企业的总利润与上游企业不进行创新时的这些企业的总利润之差为：$(\pi_C^u + k\pi_C^i) - (\pi_N^u + k\pi_N^i) = -F +$

$$\frac{(c_2-c_1)\{2(n-k+1)[(a-c_2)(n^2+n)+(a-c_1)k]+(c_2-c_1)k^2\}}{4(n-k+1)(n+1)^2},$$

因此，当 $F \geqslant$

$$\frac{(c_2-c_1)\{2(n-k+1)[(a-c_2)(n^2+n)+(a-c_1)k]+(c_2-c_1)k^2\}}{4(n-k+1)(n+1)^2}$$

时，$(\pi_C^u + k\pi_C^i) \leqslant (\pi_N^u + k\pi_N^i)$，即，上、下游企业合作创新时的上游企业及下游合作企业的总利润不高于上游企业不进行创新时的这些企业的总利润。这时，若这些企业进行合作创新，则必有部分企业的利润会降低，这部分企业就不愿意进行合作创新，其结果是上下游企业无法进行合作创新。

由此可知，当 $F \geqslant$

$$\frac{(c_2-c_1)\{2(n-k+1)[(a-c_2)(n^2+n)+(a-c_1)k]+(c_2-c_1)k^2\}}{4(n-k+1)(n+1)^2}$$

且 $F \geqslant \dfrac{n[(a-c_1)^2-(a-c_2)^2]}{4(n+1)}$ 时，上游企业不愿独立创新，且上下游企业无法进行合作创新，因此，供应链不进行创新。命题4.1证毕。

命题4.1表明，当创新投入过高时，上游企业独立进行创新将反而降低自己的利润，因此上游企业不会独立进行创新；而进行合作创新则至少会降低一家参与合作创新的企业的利润，因此合作创新也无法实施，最终结果就是供应链不会进行创新。

命题4.2　当 $F < \dfrac{n(2a-c_2-c_1)(c_2-c_1)}{4(n+1)}$ 时，上游企业将独立进行创新。

证明：将（4.10）式减去（4.8）式可得：$\pi_I^u - \pi_N^u = \dfrac{n[(a-c_1)^2-(a-c_2)^2]}{4(n+1)} - F$，因此，当 $F < \dfrac{n(2a-c_2-c_1)(c_2-c_1)}{4(n+1)}$ 时，$\pi_I^u > \pi_N^u$，即上游企业独立进行创新的利润高于不进行创新的利润，则无论下游企业是否愿意参与合作创新，上游企业都会进行创新，以提高自身利润。

将（4.11）式减去（4.15）式可得 $\pi_I^i - \pi_C^i = \dfrac{S}{k}F > 0$，即下游企业不参与合作创新而由上游企业独立创新时的利润 π_I^i 大于下游企业与上游企业合作创新时的利润 π_C^i，由于上游企业创新前后的单位生产成本 c_2 和 c_1，创新投资 F 以及下游合作企业和下游非合作企业购买中间产品的价格 w_1 和 w 均为供应链上所有企业的共同知识，因此，下游企业也知道上游企业即使独立创新也能提高利润，即上游企业一定会进行创新，下游企业就不会与上游企业进行合作创新，博弈结果是由上游企业独立进行创新。命题 4.2 证毕。

命题 4.2 表明，当创新投入足够小，使得上游企业独立创新也能提高自身收益时，上游企业的强占优策略为"进行创新"；而在给定上游企业一定会进行创新的条件下，下游企业的强占优策略是"不参与合作创新"，因此，上、下游企业创新博弈的纯战略纳什均衡为（进行创新，不参与合作创新），即最终结果为上游企业独立进行创新。

命题 4.3：当以下条件同时得到满足时，上下游企业会进行合作创新：

① $\dfrac{n\left[(a-c_1)^2-(a-c_2)^2\right]}{4(n+1)}<F<$

$\dfrac{(c_2-c_1)\{2(n-k+1)\left[(a-c_2)(n^2+n)+(a-c_1)k\right]+(c_2-c_1)k^2\}}{4(n-k+1)(n+1)^2}$;

② $1-\dfrac{(c_2-c_1)\left[(c_2-c_1)k+2n(n-k+1)(a-c_2)\right]}{4(n-k+1)(n+1)F}\leqslant S$

$\leqslant\dfrac{(c_2-c_1)(2a-c_2-c_1)k}{4(n+1)^2F}$。

证明：将（4.8）式减去（4.10）式可得：当 $F\geqslant\dfrac{n\left[(a-c_1)^2-(a-c_2)^2\right]}{4(n+1)}$ 时，$\pi_N^u-\pi_I^u>0$，即上游企业不进行创新的利润高于独立进行创新的利润，因此，当 $F\geqslant\dfrac{n\left[(a-c_1)^2-(a-c_2)^2\right]}{4(n+1)}$ 时，上游企业不会进行独立创新。

将（4.8）式与（4.9）式之和减去（4.14）式与（4.15）式之和可知，当

$$F < \frac{(c_2-c_1)\{2(n-k+1)[(a-c_2)(n^2+n)+(a-c_1)k]+(c_2-c_1)k^2\}}{4(n-k+1)(n+1)^2}$$

时 $(\pi_C^u+k\pi_C^i)-(\pi_N^u+k\pi_N^i)>0$，上、下游企业合作创新时的上游企业及下游合作企业的总利润大于上游企业不进行创新时的这些企业的总利润，即合作创新提高了参与企业的总利润，因此，只要创新投入的分摊比例制定适当，使得所有参与合作创新的企业都能通过合作创新提高自身利润，则这些企业都会在利益的驱动下参与合作创新。由此可知，当条件①满足时，上游企业的最优选择是制定合理的创新投入分摊比例，使得下游企业能够从合作创新中获利，从而激励其参与合作创新。

（4.14）式减去（4.8）式可得：$\pi_C^u-\pi_N^u=$

$$\frac{(c_2-c_1)[(c_2-c_1)k+2n(n-k+1)(a-c_2)]}{4(n-k+1)(n+1)}-(1-S)F，因$$

此，当 $S \geq 1-\dfrac{(c_2-c_1)[(c_2-c_1)k+2n(n-k+1)(a-c_2)]}{4(n-k+1)(n+1)F}$ 时，

$\pi_C^u \geq \pi_N^u$，即，上游企业与下游企业进行合作创新所获利润不低于不进行创新时的利润。因此，当下游企业分摊比例满足 $S \geq 1-$

$\dfrac{(c_2-c_1)[(c_2-c_1)k+2n(n-k+1)(a-c_2)]}{4(n-k+1)(n+1)F}$ 时，上游企业愿

意与下游企业进行合作创新。

将（4.15）式减去（4.9）式可得：$\pi_C^i-\pi_N^i=$

$$\frac{(a-c_1)^2-(a-c_2)^2}{4(n+1)^2}-\frac{S}{k}F，因此，当 S \leq \frac{(c_2-c_1)(2a-c_2-c_1)k}{4(n+1)^2F} 时，$$

$\pi_C^i \geq \pi_N^i$，即，下游企业与上游企业合作创新时所获利润不低于上游企业不创新时的利润。虽然，下游企业不参与合作创新而由上游企业独立创新时的利润 π_I^i 大于下游企业与上游企业合作创新时的利润 π_C^i，但是，由于下游企业知道上游企业不进行创新的利润高于独立进行创新的利润，即上游企业不会进行独立

创新，而在给定上游企业不会进行独立创新的情况下，下游企业的最优选择是与上游企业进行合作创新，因此，当

$$S \leqslant \frac{(c_2-c_1)(2a-c_2-c_1)k}{4(n+1)^2F}$$时，下游企业愿意与上游企业进行合作创新。

通过以上分析可知，当条件①满足时，上游企业不会进行独立创新，但会考虑进行合作创新；当条件②满足是，上、下游企业都能通过合作创新提高各自的利润，因此，当条件①和条件②均得到满足时，上、下游企业将进行合作创新。命题4.3证毕。

命题4.3表明，当创新投入较大使得上游企业不愿意进行独立创新，但通过合作创新由下游企业分摊部分创新投入能使上游企业的利润高于不进行创新时，上游企业就应该通过设置合理的创新投入分摊比例，使得上、下游企业都能够通过合作创新获得更高的利润，从而激励上、下游企业参与合作创新，促进合作创新的形成。

4.3.2　创新成本分摊机制设计

由命题4.3可知，上、下游企业要进行合作创新，除了创新投入需满足一定条件外，还需要制定合理的创新投入分摊比例。对下游合作企业合作创新利润 π_C^i（$i=1,2\cdots,k$）求分摊比例S的一阶偏导可得，$\dfrac{\partial \pi_C^i}{\partial S}=-\dfrac{F}{k}<0$，即，下游合作企业合作创新的利润是分摊比例S的减函数，这意味着下游合作企业希望分摊比例尽可能低；而对上游企业合作创新利润 π_C^u 求分摊比例S的一阶偏导可得，$\dfrac{\partial \pi_C^u}{\partial S}=F>0$，即，上游企业合作创新的利润是分摊比例S的增函数，上游企业希望下游合作企业尽可能

地分摊创新成本。因此，双方需要设计出一种合理的创新成本分摊机制，在 S 的可行范围内确定出一个合理的准确值，以促进创新合作的形成。

成本分摊机制在理论上有很多种，最简单是固定成本分摊方法。它是指上游企业按某一固定比例承担创新费用，其余部分由下游合作企业分摊的方法。在这种方式中，成本分摊和收益大小没有直接关系，因此便于操作。这种方式下，分摊比例 S 的确定取决于双方讨价还价能力大小，不同的讨价还价能力下的分摊比例如下。

命题 4.4：当上游企业在合作创新中处于领导地位时，分摊比例 $S = \dfrac{(c_2 - c_1)(2a - c_2 - c_1)k}{4(n+1)^2 F}$；当下游合作企业在合作创新中处于领导地位时，分摊比例 $S = 1 - \dfrac{(c_2 - c_1)[(c_2 - c_1)k + 2n(n - k + 1)(a - c_2)]}{4(n - k + 1)(n+1)F}$。

证明：当上游企业讨价还价能力很强，在合作中创新处于领导地位时，作为"完全理性人"的上游企业必定会按如下标准设定分摊比例 S，即，下游合作企业参与合作创新的利润 π_C^i 刚好等于其保留利润（即不进行创新时的利润 π_N^i），这样，下游企业愿意参与合作创新，而上游企业又能获得合作创新所增加的全部利润，求解 $\pi_C^i = \pi_N^i$，可得 $S = \dfrac{(c_2 - c_1)(2a - c_2 - c_1)k}{4(n+1)^2 F}$。因此，当上游企业在合作创新中处于领导地位时，分摊比例 S $= \dfrac{(c_2 - c_1)(2a - c_2 - c_1)k}{4(n+1)^2 F}$。

当下游企业讨价还价能力很强，在合作创新中处于领导地位时，作为"完全理性人"的下游企业也同样会通过设定分摊比例 S 使得上游企业参与合作创新的利润 π_C^u 刚好等于其保留利润（即不进行创新时的利润 π_N^u），在这种情况下，上游企业愿

意进行合作创新，而下游企业又能获得合作创新所增加的全部利润，求解 $\pi_C^u = \pi_N^u$，可得

$$S = 1 - \frac{(c_2-c_1)\left[(c_2-c_1)k+2n(n-k+1)(a-c_2)\right]}{4(n-k+1)(n+1)F}，因此，当$$

下游企业在合作创新中处于领导地位时，分摊比例

$$S = 1 - \frac{(c_2-c_1)\left[(c_2-c_1)k+2n(n-k+1)(a-c_2)\right]}{4(n-k+1)(n+1)F}。命题 4.4$$

证毕。

命题 4.4 表明，在上、下游企业讨价还价能力不同的情况下，分摊比例 S 的制定及上、下游企业分享合作创新所增加利润的结果截然不同，在上游企业讨价还价能力很强，在合作创新中处于领导者地位时，上游企业将通过分摊比例 S 的制定获取全部的合作所增加利润；反之，在下游合作企业讨价还价能力很强，在合作创新中处于领导者地位时，下游合作企业将通过分摊比例 S 的制定获取全部的合作所增加利润。但事实上，这种分摊机制很有可能导致讨价还价能力弱、在合作创新中处于跟随者地位一方的不满，在合作中采取机会主义行为，影响合作创新的成功。

作者认为一种合理的成本分摊机制应该是获益与付出成正比，因此，应采用收入比例分摊法，即上、下游企业分摊创新投入的比例为，在不考虑创新投入的条件下，企业在创新前后的利润增加值占合作内所有企业的利润增加值的比例。

命题 4.5：在收入比例分摊法中，上游企业和各下游合作企业的创新投入分摊比例分别为：$\alpha^u(k) = 1-S(k)$ 和 $\alpha^i(k) = \frac{S(k)}{k}$ $(i=1, 2\cdots, k)$，其中：

$$S(k) = \frac{(2a-c_1-c_2)(n-k+1)k}{2(a-c_2)\left[n(1+n)^2-k^2-k(n^2-1)\right]+k(2n-k+2)}。$$

证明：将（4.14）式与（4.8）式相减可得：

$$\Delta\pi^u = \pi_C^u + (1-S)\ F - \pi_N^u$$

$$= \frac{(c_2-c_1)\ [\ (c_2-c_1)\ k+2n\ (n-k+1)\ (a-c_2)\ ]}{4\ (n-k+1)\ (n+1)}\text{。}$$

将（4.15）式与（4.9）式相减可得 $\Delta\pi^i = \pi_C^i + \dfrac{S}{k} F - \pi_N^i$

$$= \frac{(a-c_1)^2 - (a-c_2)^2}{4\ (n+1)^2}\text{。}$$

由此可得：

$$S\ (k) = \frac{(2a-c_1-c_2)\ (n-k+1)\ k}{2\ (a-c_2)\ [\ n\ (1+n)^2 - k^2 - k\ (n^2-1)\ ] + k\ (2n-k+2)}\text{。}$$

因此，上游企业的分摊比例为 $\alpha^u\ (k) = 1-S\ (k)$，下游合作企业的分摊比例为 $\alpha^i\ (k) = \dfrac{S\ (k)}{k}$（$i=1, 2\cdots, k$），其中，

$$S\ (k) = \frac{(2a-c_1-c_2)\ (n-k+1)\ k}{2\ (a-c_2)\ [\ n\ (1+n)^2 - k^2 - k\ (n^2-1)\ ] + k\ (2n-k+2)}\text{。}$$

命题 4.5 证毕。

在确定了创新投入分摊比例之后，上游企业需要确定最优的创新合作规模（即参与合作创新的下游企业数量），以最大化自身的利润。将 $S\ (k)$ 代入（4.14）式可得上游企业合作创新利润为：

$$\pi_C^u\ (k) = \frac{n\ (n-k+1)\ [\ (a-c_1)^2 - (c_2-c_1)^2\ ] + (c_2-c_1)^2 k}{4\ (n+1)\ (n-k+1)} -$$

$$[\ 1-S\ (k)\ ]\ F \tag{4.16}$$

则最优下游合作企业数 k^* 为满足（4.16）式关于 k 的一阶导数等于 0 的解。

4.3.3　利益相关者分析

通过以上分析可知，在一定条件下，上游企业与部分下游

企业进行合作创新可以增加双方的利润，接下来，将分析合作创新对下游非合作企业的利润以及最终产品购买者的消费者剩余的影响，以及不同合作环境下的上、下游所有企业的利润和消费者剩余。

命题4.6：合作创新会降低下游非合作企业的利润，提高最终产品购买者的消费者剩余。

证明：不进行创新时的各下游企业最终产品产量：

$$q_N = \frac{a-c_2}{2\,(n+1)} \tag{4.17}$$

最终产品总产量：

$$Q_N = nq_N = \frac{n\,(a-c_2)}{2\,(n+1)} \tag{4.18}$$

消费者剩余：

$$CS_N = \frac{1}{2}\left[\frac{n\,(a-c_2)}{2\,(n+1)}\right]^2 \tag{4.19}$$

由（4.12）式和（4.13）式可知，合作创新后的最终产品总产量：

$$Q_C\,(k) = \frac{n\,(a-c_2)}{2\,(n+1)} + \frac{(c_2-c_1)\,k}{2\,(n+1)\,(n-k+1)} \tag{4.20}$$

消费者剩余：

$$CS_C\,(k) = \frac{1}{2}\left[\frac{n\,(a-c_2)}{2\,(n+1)} + \frac{(c_2-c_1)\,k}{2\,(n+1)\,(n-k+1)}\right]^2 \tag{4.21}$$

将（4.17）式减去（4.13）式可得合作创新后下游非合作企业的产品产量与合作创新前的产量之差 $\Delta q^j = \frac{(c_1-c_2)\,k}{2\,(n-k+1)\,(n+1)} < 0$（$j = 1,\,\cdots,\,n-k$），由（4.18）式和（4.20）式可得合作创新后的产品价格与合作创新前段产品价格之差为 $\Delta p = \frac{(c_1-c_2)\,k}{2\,(n-k+1)\,(n+1)} < 0$，即，合作创新降低产品价

格，并减少了下游非合作企业的产量（即销量），从而降低了下游非合作企业的利润。

将（4.21）式减去（4.19）式可得合作创新后的消费者剩余与合作创新前的消费者剩余之差为 $\Delta CS = \dfrac{1}{2}$ $\left\{ \dfrac{n(a-c_2)(c_2-c_1)k}{2(n+1)^2(n-k+1)} + \left[\dfrac{(c_2-c_1)k}{2(n+1)(n-k+1)} \right]^2 \right\} > 0$，因此，合作创新后的消费者剩余大于合作创新前的消费者剩余，即合作创新提高了消费者剩余。

由此可知，合作创新会降低下游非合作企业的利润，提高最终产品购买者的消费者剩余。命题4.6证毕。

命题4.6表明，通过合作创新，下游合作企业可以以较低的价格从上游企业处购得中间产品，降低了其最终产品的成本，从而在与下游非合作企业的竞争中获得成本优势，能够以低于合作创新前的价格出售最终产品。由于下游企业销售的是同质产品，因此，下游非合作企业也只能被迫降低产品售价，考虑到下游非合作企业购买中间产品的价格不变，其产品的边际成本也没变，则当最终产品售价（即边际利润）下降时，其最优产品产量必然降低，最终导致利润的降低。

由于下游合作企业的边际成本降低，下游非合作企业的边际成本不变，对于所有下游企业这个整体而言，其边际成本得到了降低，因此，最终产品市场上的产品价格就会下降，产品销量就会增加，从而提高了最终产品购买者的消费者剩余。

命 $\Psi = 2(a-c_2)(n-k+1)(n^2+n+k)+k(c_2-c_1)(2n-k+2)$，$\Gamma = 2(a-c_2)[n(1+n)^2-k^2-k(n^2-1)]+k(c_2-c_1)(2n+k+2)$，可得如下命题。

命题4.7：①合作创新后的上游企业利润 π_C^u 随着创新后生产成本 c_1 的减少而上升；

②合作创新后的下游合作企业利润 π_C^i 随创新前生产成本 c_2 和下游合作企业数 k 的增加而提高；

③当（$a-c_2$）（$n-k+1$）-（c_2-c_1）$k>0$ 时，合作创新后的下游非合作企业利润 π_C^j 随创新前生产成本 c_2 和下游合作企业数 k 的增加而降低，随创新后生产成本 c_1 的增加而提高，反之，则随 c_2 和 k 的增加而降低，随 c_1 的增加而提高；

④合作创新后的消费者剩余 CS_C 随创新前生产成本 c_2 和创新后生产成本 c_1 的增加而降低，随下游合作企业数 k 的增加而提高。

证明：求合作创新后的上游企业利润 π_C^u 关于创新后生产成本 c_1 的一阶偏导数可得 $\dfrac{\partial \pi_C^u}{\partial c_2} = -\dfrac{(c_2-c_1) k+(a-c_2)(n-k+1) n}{(n-k+1)} + \dfrac{2Fk(a-c_2)(n-k+1)(n-k)(1+n)^2}{\Gamma^2}<0$，因此，合作创新后的上游企业利润 π_C^u 为创新后生产成本 c_1 的严格递减函数，即上游企业利润 π_C^u 随着创新后生产成本 c_1 的减少而上升。

分别求合作创新后的下游合作企业利润 π_C^i（$i=1,\cdots,k$）关于创新前生产成本 c_2 和下游合作企业数 k 的一阶偏导数可得 $\dfrac{\partial \pi_C^i}{\partial c_2} = \dfrac{2F(a-c_1)(n-k+1)(n-k)(1+n)^2}{\Psi^2} > 0$ 和 $\dfrac{\partial \pi_C^i}{\partial k} = \dfrac{F(2a-c_1-c_2)\left[2(a-c_1)(n-k+1)^2+k(c_2-c_1)(2n-k+2)\right]}{\Psi^2} > 0$，因此，合作创新后下游合作企业利润 π_C^i 为创新前生产成本 c_2 和下游合作企业数 k 的严格递增函数，即下游合作企业利润 π_C^i 随创新前生产成本 c_2 和下游合作企业数 k 的增加而提高。

分别求合作创新后的下游非合作企业利润 π_C^j（$j=1,\cdots,n-k$）关于创新前生产成本 c_2，创新后生产成本 c_1 和下游合作企

业数 k 的一阶偏导数可得 $\dfrac{\partial \pi_C^j}{\partial c_2}=$

$$-\frac{(a-c_2)(n-k+1)-(c_2-c_1)k}{2(n-k+1)^2(1+n)}, \frac{\partial \pi_C^j}{\partial c_1}$$

$$=\frac{k\left[(a-c_2)(n-k+1)-(c_2-c_1)k\right]}{2(n-k+1)^2(1+n)^2} 和 \frac{\partial \pi_C^j}{\partial k}$$

$$=-\frac{(c_2-c_1)\left[(a-c_2)(n-k+1)-(c_2-c_1)k\right]}{2(n-k+1)^3(1+n)}, 因此, 当（a-$$

c_2）（n-k+1）-（c_2-c_1）k>0 时，$\dfrac{\partial \pi_C^j}{\partial c_2}<0$, $\dfrac{\partial \pi_C^j}{\partial c_1}>0$, $\dfrac{\partial \pi_C^j}{\partial k}<0$,
合作创新后下游非合作企业利润 π_C^j 为创新前生产成本 c_2 和下游
合作企业数 k 的严格递减函数，为创新后生产成本 c_1 的严格递
增函数，即下游非合作企业利润 π_C^j 随创新前生产成本 c_2 和下游
合作企业数 k 的增加而降低，随创新后生产成本 c_1 的增加而提
高。当（a-c_2）（n-k+1）-（c_2-c_1）k<0 时，则有 $\dfrac{\partial \pi_C^j}{\partial c_2}>0$,

$\dfrac{\partial \pi_C^j}{\partial c_1}<0$, $\dfrac{\partial \pi_C^j}{\partial k}>0$, 合作创新后下游非合作企业利润 π_C^j 为创新
前生产成本 c_2 和下游合作企业数 k 的严格递增函数，为创新后
生产成本 c_1 的严格递减函数，即下游非合作企业利润 π_C^j 随创新
前生产成本 c_2 和下游合作企业数 k 的增加而提高，随创新后生
产成本 c_1 的增加而降低。

分别求合作创新后的消费者剩余 CS_c 关于创新前生产成本
c_2，创新后生产成本 c_1 和下游合作企业数 k 的一阶偏导数可得

$$\frac{\partial CS_c}{\partial c_2}=-\frac{(n-k)\left[(a-c_2)(n-k+1)n-(c_2-c_1)k\right]}{4(n-k+1)^2(1+n)}<0, \frac{\partial CS_c}{\partial c_1}$$

$$=-\frac{k\left[(a-c_2)(n-k+1)n-(c_2-c_1)k\right]}{4(n-k+1)^2(1+n)}<0 和 \frac{\partial CS_c}{\partial k}$$

$$= \frac{(c_2-c_1)\left[(a-c_2)(n-k+1)n+(c_2-c_1)k\right]}{4(n-k+1)^3(1+n)}>0$$，因此，合作

创新后的消费者剩余 CS_C 为创新前生产成本 c_2 和创新后生产成本 c_1 的严格递减函数，为下游合作企业数 k 的严格递增函数，即合作创新后的消费者剩余 CS_C 随创新前生产成本 c_2 和生产成本 c_1 的增加而降低，随下游合作企业数 k 的增加而提高。命题4.7证毕。

命题4.7表明，随着创新后生产成本 c_1 的减少，上游企业的成本下降，从而获得更高的利润。同时中间产品的价格和下游非合作企业的成本也会下降，最终产品的价格就会随之下降，而产量则上升，因此，消费者剩余也会增加。

而随着创新前生产成本 c_2 的增加，下游合作企业购买中间产品的价格 w_1 与下游非合作企业购买中间产品的价格 w 的差距越大，下游合作企业的成本优势越明显，从而获得更高的利润。但创新前生产成本 c_2 的增加会导致所有下游企业的总成本的增加，最终产品的价格就会会因此提高，产销量则会随之下降，消费者剩余就会被减少。

随着下游合作企业数量的增加，每个下游合作企业所分摊的创新投入越少，其成本越低，下游合作企业的成本优势越明显，从而获得更高的利润。同时，最终产品的价格也会随之下降，产销量随之上升，消费者剩余得到增加。

4.4 本章小结

随着新产品生命周期的缩短和市场竞争的加剧，对企业研发创新能力的要求越来越高，如何充分利用自身资源、借助外部资源成为企业创新活动中需要重点考虑的问题。

本章针对由一个上游寡头垄断企业和多个下游企业组成的两级供应链，建立了一种纵向合作创新博弈模型，研究了不同条件下的企业创新投资策略，提出了两种合作创新成本分摊机制，分析了合作创新对上、下游所有企业的利润以及最终产品购买者的消费者剩余的影响。通过研究得出以下结论：

①当上游企业能够通过独立创新增加利润时，纵向创新合作无法形成。

②合作创新会提高最终产品的产量，降低最终产品价格，增加最终产品购买者的消费者剩余。

③合作创新会提高上游企业和下游合作企业的利润，但是会降低下游非合作企业的利润，即下游非合作企业的部分利润转移到了上游企业和下游合作企业，因此，只要创新投入分摊比例设置适当，上、下游企业均有强烈的动机进行合作创新。

④合作创新后的上游企业利润和消费者剩余随着创新后生产成本的减少而上升；随着创新前生产成本的增加，下游合作企业利润会得到提高，而消费者剩余则会降低；下游合作企业利润和消费者剩余都会随着下游合作企业数的增加而提高。

5 双向溢出下的供应链纵向合作创新机制设计

5.1 引言

伴随着知识经济的脚步，技术进步日新月异，市场需求变化多端，市场竞争日益激烈，导致产品和技术的生命周期日益缩短，对企业的技术创新要求越来越高，技术创新已经开始成为企业核心竞争力的重要源泉。但由于技术创新本身的不确定性风险和巨大投入，使得单个企业面临的风险和资源压力不断加大。依靠单个企业自身的力量进行技术创新的模式，在风云变幻的市场环境中将难以为继。在新的市场环境中，多个企业为了它们的共同利益，实现分摊研发费用、共同开发或拥有市场、共享资源和减少不确定性风险，最终实现增强竞争优势的战略目标，通过签订各种协议、契约而结成优势互补、风险共担、生产经营要素水平式双边或多向流动的合作创新关系。一般而言，合作创新关系多存在于供应链中的企业之间，这些企业通过合作创新得以充分发挥企业各自的优势，分摊研发费用，降低产品成本，共同开发市场，从而提高供应链的整体收益。因此，供应链企业间的合作创新对提高企业乃至整个供应链的竞争力具有重要意义。

　　创新活动往往具有溢出效应，会对相关企业的创新活动产生一定的影响。"溢出效应"（Spillover Effect）是指通过研发成果的非自愿扩散，促进了其他企业技术和生产力水平的提高，是经济外在性的一种表现。有关研发溢出效应研究的文献最早可追溯到 MacDougall。1990 年以后，R&D 合作融入了有关溢出的理论研究，博弈论也被大量引入溢出效应的分析，其中，最经典的是建立的存在研发溢出的两阶段双寡头博弈模型（AJ 模型）（Aspremont 和 Jacquemin，1988）。

　　近些年来，大多数学者主要关注的是竞争企业间创新活动的横向溢出效应，即企业的创新活动会通过溢出使其竞争对手获益。许多学者以 AJ 模型为基础从不同方面对横向溢出效应进行了分析（Silipo 和 Weiss，2005；Piga 和 Poyago-Theotoky，2005；Rajeev 和 Shoji，2007；侯光明和艾凤义，2006）。研究发现，产业内的横向合作研发有利于溢出效应内部化，增加研发投入，提高社会福利，且研发投入随溢出效应增大而增加。除了构建相关模型进行横向溢出的研究外，还有相当多的研究集中在对外资溢出方面的横向溢出效应的经验研究上。研究发现，模仿和复制、人员流动和技能攻取，乃至竞争是行业内外资溢出形成的主要渠道。而这方面的经验分析根据数据类型主要分为企业水平和行业水平两大类。行业水平研究方法主要是，测定外资实体对某一行业中内资企业生产率的影响来间接分析外资溢出效应，许多研究结果显示支持外资行业内溢出的某些证据。

　　本章考虑由于受到企业吸收能力、技术互补性水平、传递渠道、信息渗漏的程度和企业间的沟通交流情况等因素的影响，供应链同一层级企业间的创新横向溢出效应不相同，供应链不同层级企业间的纵向溢出效应随研发投资者和溢出效应受益者的不同而变化，建立六种合作研发形式下的博弈模型（上、下游所有企业独立创新；上游企业横向合作，下游企业独立创新；上游企业独立创新，下游企业横向合作；上、下游企业同时横向合作；上、下游企业同时纵向合作；上、下游所有企业共同合作等），研究不同合作创新模式下的企业创新投入及生产策略，并分析合作创新模式以及各种创新溢出效益对企业创新投入及利润、最终产品产量、消费者剩余以及社会福利等的影响，为企业合作创新及生产策略的制定以及政府科技、产业政策的制定提供决策依据。

5.2 问题描述及模型建立

5.2.1 问题描述

本章考虑在一个由两个寡头垄断的上游企业和两个寡头垄断的下游企业所构成的供应链中，下游企业从上游企业处采购中间产品并生产为最终产品销售给消费者。当上、下游企业同时决定进行降低单位产品生产成本的创新活动，由于供应链中创新成果溢出效应的存在，企业的创新成果不能为创新企业所独享，其竞争对手和上游中间产品生产企业或下游最终产品生产企业也会从其研发成果中获得收益，即这些企业的单位生产成本也会得到一定程度的降低。

供应链企业可选择的创新方式有：上、下游所有企业独立创新；上游企业横向合作，下游企业独立创新；上游企业独立创新，下游企业横向合作；上、下游企业同时横向合作；上、下游企业同时纵向合作；上、下游所有企业共同合作。

供应链上的生产及合作创新的博弈过程如下：第一阶段，

所有企业同时决定自己的创新投入；第二阶段，上游企业根据下游企业对中间产品的需求量决定中间产品的价格；第三阶段，在给定中间产品价格条件下，下游企业进行产量的古诺（Cournot）博弈，在上、下游企业间的博弈中，上游企业处于斯坦克伯格领导地位。

5.2.2 模型建立

假设供应链由两个寡头垄断的上游企业（以 s1 和 s2 表示）和两个寡头垄断的下游企业（以 b1 和 b2 表示所）构成，上游企业以 w 的转移价格将中间产品卖给下游企业，下游企业则将中间产品生产为最终产品（每生产一个最终产品需一个中间产品），并以 p 的价格将最终产品卖给消费者，最终产品反需求函数为：$p = a - b (q_{b1} + q_{b2})$，其中，$q_{b1}$ 和 q_{b2} 分别为下游企业 b1 和 b2 的最终产品的产量，$a > 0$，$b > 0$。

现上、下游企业都决定进行降低单位产品生产成本的创新活动，由于创新成果溢出效应的存在，企业的创新成果会被供应链上其他企业或利用，在一定程度的降低其单位产品生产成本。因此，企业的单位产品生产成本 C_{ij}（$i = s$, b，$j = 1, 2$）为其初始成本 C_{i0} 以及上、下游所有企业创新成果 x_{ij} 的函数，上游企业 s1 的单位产品生产成本为 $C_{s1} = C_{s0} - x_{s1} - \beta_{ss} x_{s2} - \beta_{bs} (x_{b1} + x_{b2})$，上游企业 s2 的单位产品生产成本为 $C_{s2} = C_{s0} - x_{s2} - \beta_{ss} x_{s1} - \beta_{bs} (x_{b1} + x_{b2})$，下游企业 b1 的单位产品生产成本为 $C_{b1} = C_{b0} - x_{b1} - \beta_{bb} x_{b2} - \beta_{sb} (x_{s1} + x_{s2})$，下游企业 b2 的单位产品生产成本为 $C_{b2} = C_{b0} - x_{b2} - \beta_{bb} x_{b1} - \beta_{sb} (x_{s1} + x_{s2})$，其中，$0 \leq \beta_{ss} \leq 1$ 为上游企业间的创新溢出系数，即上游企业 s1（或 s2）的单位产品生产成本每降低 1 个单位，其竞争对手 s2（或 s1）的单位产品生产成本就会降低 β_{ss}；$0 \leq \beta_{bb} \leq 1$ 为下游企业间的创新溢出系数，即下游企业 b1（或 b2）的单位产品生产成本每降低 1 个单位，其竞争对手

b2（或 b1）的单位产品生产成本就会降低 β_{bb}；$0 \leq \beta_{sb} \leq 1$ 为上游企业向下游企业的创新溢出系数，即上游游企业 s1（或 s2）的单位产品生产成本每降低 1 个单位，所有下游企业（b1 和 b2）的单位产品生产成本都会降低 β_{sb}；$0 \leq \beta_{bs} \leq 1$ 为下游企业向上游企业的创新溢出系数，即下游游企业 b1（或 b2）的单位产品生产成本每降低 1 个单位，所有上游企业（s1 和 s2）的单位产品生产成本都会降低 β_{bs}，溢出系数反映了成果溢出效应的大小。

本章假设企业的创新投入 I_{ij}（i=s，b，j=1，2）为其创新成果 x_{ij} 的二次函数，即 $I_{ij} = \frac{\gamma}{2} x_{ij}^2$，其中，$\gamma > 0$ 表示创新难度，即 γ 越大，创新难度越大，要降低相同的单位产品生产成本所需创新投入越高。

由于最终产品价格 p、中间产品价格 w 和单位产品生产成本 C_{ij}（i=s，b，j=1，2）均应为正，因此，供应链合作创新的参数需满足以下条件：$a > w + C_{b0} > C_{s0} + C_{b0}$，$C_{s0} > x_{s1} - \beta_{ss} x_{s2} - \beta_{bs}$（$x_{b1} + x_{b2}$），$C_{s0} > x_{s2} - \beta_{ss} x_{s1} - \beta_{bs}$（$x_{b1} + x_{b2}$），$C_{b0} > x_{b1} - \beta_{bb} x_{b2} - \beta_{sb}$（$x_{s1} + x_{s2}$），$C_{b0} > x_{b2} - \beta_{bb} x_{b1} - \beta_{sb}$（$x_{s1} + x_{s2}$）。

最终产品反需求函数、企业的单位产品生产成本函数、企业间研发成果溢出系数、企业创新投入函数等供应链生产、创新合作的所有参数均为所有企业的共同知识。

供应链企业可以从以下六种合作方式中选择一种创新方式进行创新，包括：①上、下游所有企业独立创新；②上游企业横向合作，下游企业独立创新；③上游企业独立创新，下游企业横向合作；④上、下游企业同时横向合作；⑤上、下游企业同时纵向合作；⑥上、下游所有企业共同合作。

由以上假设可得，上游企业 s_j 和下游企业 b_j（j=1，2）的利润分别为：

$$\pi_{s1} = \frac{(q_{b1}+q_{b2}) \ \{w- \ [\ C_{s0}-x_{s1}-\beta_{ss}x_{s2}-\beta_{bs} \ (\ x_{b1}+x_{b2} \ ) \ ] \}}{2} - \frac{\gamma x_{s1}^2}{2}$$

$$(5.1)$$

$$\pi_{s1} = \frac{(q_{b1}+q_{b2}) \ \{w- \ [\ C_{s0}-x_{s1}-\beta_{ss}x_{s1}-\beta_{bs} \ (\ x_{b1}+x_{b2} \ ) \ ] \}}{2} - \frac{\gamma x_{s2}^2}{2}$$

$$(5.2)$$

$$\pi_{b1} = \{p-w- \ [\ C_{b0}-x_{b1}-\beta_{bb}x_{b2}-\beta_{sb} \ (\ x_{s1}+x_{s2} \ ) \ ] \}q_{b1} - \frac{\gamma x_{b1}^2}{2}$$

$$(5.3)$$

$$\pi_{b2} = \{p-w- \ [\ C_{b0}-x_{b2}-\beta_{bb}x_{b1}-\beta_{sb} \ (\ x_{s1}+x_{s2} \ ) \ ] \}q_{b2} - \frac{\gamma x_{b2}^2}{2}$$

$$(5.4)$$

5.3 模型分析

供应链上的生产及合作创新的博弈过程分为三个阶段，第一阶段，所有企业进行创新博弈；第二阶段，上游企业进行价格博弈；第三阶段，下游企业进行产量的古诺博弈。本章采用逆向归纳法构建供应链合作创新博弈模型，并求出模型均衡解，并分析合作模式和溢出效应对创新投入、最终产品产量、消费者剩余以及社会福利等的影响。

5.3.1 均衡解分析

首先是下游企业在给定中间产品价格条件下进行产量的古诺博弈，联立求解$\frac{\partial \pi_{bj}}{\partial q_{bj}}=0$（j=1，2）可得：

$$q_{b1} = \frac{a - C_{b0} - w + (2 - \beta_{bb}) x_{b1} + (2\beta_{bb} - 1) x_{b2} + \beta_{sb} (x_{s1} + x_{s2})}{3b}$$

$$(5.5)$$

$$q_{b2} = \frac{a - C_{b0} - w + (2 - \beta_{bb}) x_{b2} + (2\beta_{bb} - 1) x_{b1} + \beta_{sb} (x_{s1} + x_{s2})}{3b}$$

$$(5.6)$$

（5.5）式和（5.6）式为下游企业 b_j（$j = 1$，2）的反应函数，即给定中间产品价格，下游企业的中间产品购买量。

由于最终产品反需求函数，企业的单位产品生产成本函数，企业间研发成果溢出系数，企业创新投入函数等供应链生产、创新合作的所有参数均为所有企业的共同知识。因此，上游企业知道下游企业的反应函数，上游企业就会在第二阶段根据下游企业的反应函数确定中间产品转移价格，以最大化自身利润，联立求解 $\frac{\partial \pi_{sj}}{\partial w} = 0$（$j = 1$，$2$）可得：

$$w = \frac{2(a + C_{s0} - C_{b0}) + (1 + \beta_{bb} - 2\beta_{bs}) (x_{b1} + x_{b2}) - (1 + \beta_{ss} - 2\beta_{sb}) (x_{s1} + x_{s2})}{4}$$

$$(5.7)$$

将（5.7）式代入（5.3）式和（5.4）式并求和，可得均衡时的最终产品总产量（亦为中间产品总产量）：

$$Q = \frac{2\mu + (1 + \beta_{bb} + 2\beta_{bs}) (x_{b1} + x_{b2}) + (1 + \beta_{ss} + 2\beta_{sb}) (x_{s1} + x_{s2})}{6b}$$

$$(5.8)$$

其中：$\mu = a - C_{s0} - C_{b0}$。

在确定了总产量和转移价格后，所有企业需要同时决定创新投入。下面分别就所有企业独立创新（以上标 NC 表示），仅上游企业横向合作（以上标 SC 表示），仅下游企业横向合作（以上标 BC 表示），上、下游企业同时横向合作（以上标 HC 表示），上、下游企业同时纵向合作（以上标 VC 表示），以及上下游产业内所有企业共同合作（以上标 GC 表示）6 种情况，找出上、下游企业的创新投资决策，以及相应的最终产品产量、消费者剩余和社会福利。

（1）所有企业独立创新

当所有企业独立创新，企业在第一阶段的目标是最大化自身利润。联立求解 $\dfrac{\partial \pi_{sj}}{\partial x_{sj}}=0$ 和 $\dfrac{\partial \pi_{bj}}{\partial x_{bj}}=0$（$j=1$，2）可得均衡时的创新成果、最终产品产量、企业利润、消费者剩余和社会福利分别为：

$$x_{sj}^{NC}=\frac{6\mu\ (1+\beta_{sb})}{\lambda_{NC}},\ j=1,\ 2 \tag{5.9}$$

$$x_{bj}^{NC}=\frac{\mu\ (7-5\beta_{bb}+2\beta_{bs})}{\lambda_{NC}},\ j=1,\ 2 \tag{5.10}$$

$$Q^{NC}=\frac{12\mu\gamma}{\lambda_{NC}} \tag{5.11}$$

$$\pi_{sj}^{NC}=\frac{18\mu^2\gamma\ [\ 6by-(1+\beta_{sb})^2\ ]}{\lambda_{NC}^2},\ j=1,\ 2 \tag{5.12}$$

$$\pi_{bj}^{NC}=\frac{\mu^2\gamma\ [\ 72by-(7-5\beta_{bb}+2\beta_{bs})^2\ ]}{2\lambda_{NC}^2},\ j=1,\ 2 \tag{5.13}$$

$$CS^{NC}=\frac{72b\mu^2\gamma^2}{\lambda_{NC}^2} \tag{5.14}$$

$$SW^{NC}=\frac{\mu^2\gamma\varphi_{NC}}{\lambda_{NC}^2} \tag{5.15}$$

其中：

$\lambda_{NC}=36b\gamma-6\beta_{sb}\ (3+\beta_{ss})\ -2\beta_{bb}\ (1-4\beta_{bs})\ -4\beta_{bs}^2-12\beta_{sb}^2+5\beta_{bb}^2-6\beta_{ss}-16\beta_{bs}-13$，

$\varphi_{NC}=360b\gamma-\ (5\beta_{bb}-2\beta_{bs})\ (5\beta_{bb}-2\beta_{bs}-14)\ -36\ (\beta_{sb}+1)^2$

−49。

（2）仅上游企业横向合作

当仅上游产业内的企业进行横向合作时，在第一阶段，上游企业的目标是最大化双方总利润，下游企业的目标是最大化自身利润，联立求解 $\dfrac{\partial \sum \pi_{sj}}{\partial x_{sj}}=0$ 和 $\dfrac{\partial \pi_{bj}}{\partial x_{bj}}=0$（$j=1,2$）可得均衡时的创新成果、最终产品产量、消费者剩余和社会福利分别为：

$$x_{sj}^{SC}=\frac{6\mu\,(1+2\beta_{sb}+\beta_{ss})}{\lambda_{SC}},\quad j=1,2 \qquad (5.16)$$

$$x_{bj}^{SC}=\frac{\mu\,(7-5\beta_{bb}+2\beta_{bs})}{\lambda_{SC}},\quad j=1,2 \qquad (5.17)$$

$$Q^{SC}=\frac{12\mu\gamma}{\lambda_{SC}} \qquad (5.18)$$

$$\pi_{sj}^{SC}=\frac{18\mu^{2}\gamma\left[6by-(1+2\beta_{sb}+\beta_{ss})^{2}\right]}{\lambda_{SC}^{2}},\quad j=1,2 \qquad (5.19)$$

$$\pi_{bj}^{SC}=\frac{\mu^{2}\gamma\left[72by-(7-5\beta_{bb}+2\beta_{bs})^{2}\right]}{2\lambda_{SC}^{2}},\quad j=1,2 \qquad (5.20)$$

$$CS^{SC}=\frac{72b\mu^{2}\gamma^{2}}{\lambda_{SC}^{2}} \qquad (5.21)$$

$$SW^{SC}=\frac{\mu^{2}\gamma\varphi_{SC}}{\lambda_{SC}^{2}} \qquad (5.22)$$

其中：

$\lambda_{SC}=36b\gamma-(2\beta_{bb}-2\beta_{bs})^{2}-6\,(2\beta_{sb}+\beta_{ss})\,(2\beta_{sb}+\beta_{ss}+2)+9\beta_{bb}^{2}-2\beta_{bb}-16\beta_{bs}-13$，

$\varphi_{SC}=360b\gamma-(5\beta_{bb}-2\beta_{bs})(5\beta_{bb}-2\beta_{bs}-14)-36\,(2\beta_{sb}+\beta_{ss})$ $(2\beta_{sb}+\beta_{ss}+2)-85$。

（3）仅下游企业横向合作

当仅下游产业内的企业进行横向合作时，在第一阶段，上

游企业的目标是最大化自身利润，下游企业的目标是最大化双方总利润，联立求解 $\dfrac{\partial \pi_{sj}}{\partial x_{sj}} = 0$ 和 $\dfrac{\partial \sum \pi_{bj}}{\partial x_{bj}} = 0$（j = 1，2）可得均衡时的创新成果、最终产品产量、消费者剩余和社会福利分别为：

$$x_{sj}^{BC} = \frac{6\mu \ (1+\beta_{sb})}{\lambda_{BC}}，\ j = 1，2 \tag{5.23}$$

$$x_{bj}^{BC} = \frac{2\mu \ (1+\beta_{bb}+2\beta_{bs})}{\lambda_{BC}}，\ j = 1，2 \tag{5.24}$$

$$Q^{BC} = \frac{12\mu\gamma}{\lambda_{BC}} \tag{5.25}$$

$$\pi_{sj}^{BC} = \frac{18\mu^2\gamma \ \left[6by-(1+\beta_{sb})^2\right]}{\lambda_{BC}^2}，\ j = 1，2 \tag{5.26}$$

$$\pi_{bj}^{SC} = \frac{\mu^2\gamma \ \left[72by-4 \ (1+\beta_{bb}+2\beta_{bs})^2\right]}{2\lambda_{BC}^2}，\ j = 1，2 \tag{5.27}$$

$$CS^{BC} = \frac{72b\mu^2\gamma^2}{\lambda_{BC}^2} \tag{5.28}$$

$$SW^{BC} = \frac{\mu^2\gamma\varphi_{BC}}{\lambda_{BC}^2} \tag{5.29}$$

其中：

$\lambda_{BC} = 36b\gamma - 2 \ (\beta_{bb}+2\beta_{bs}) \ (\beta_{bb}+2\beta_{bs}+2) - 6\beta_{sb} \ (2\beta_{sb}+\beta_{ss}+3) - 6\beta_{ss} - 8$，

$\varphi_{BC} = 360b\gamma - 4 \ (\beta_{bb}+2\beta_{bs}) \ (\beta_{bb}+2\beta_{bs}+2) - 36\beta_{sb} \ (\beta_{sb}+2) - 40$。

（4）上、下游企业同时横向合作

当上、下游产业内的企业同时横向合作创新时，在第一阶段，上、下游企业的目标均为最大化各自产业的总利润，$\dfrac{\partial \sum \pi_{sj}}{\partial x_{sj}} = 0$ 和 $\dfrac{\partial \sum \pi_{bj}}{\partial x_{bj}} = 0$（j = 1，2）可得均衡时的创新成果、最

终产品产量、消费者剩余和社会福利分别为：

$$x_{sj}^{HC} = \frac{6\mu\,(1+2\beta_{sb}+\beta_{ss})}{\lambda_{HC}}, \quad j=1, 2 \tag{5.30}$$

$$x_{bj}^{HC} = \frac{2\mu\,(1+\beta_{bb}+2\beta_{bs})}{\lambda_{HC}}, \quad j=1, 2 \tag{5.31}$$

$$Q^{HC} = \frac{12\mu\gamma}{\lambda_{HC}} \tag{5.32}$$

$$\pi_{sj}^{HC} = \frac{18\mu^2\gamma\,\left[6by-(1+2\beta_{sb}+\beta_{ss})^2\right]}{\lambda_{HC}^2}, \quad j=1, 2 \tag{5.33}$$

$$\pi_{bj}^{HC} = \frac{\mu^2\gamma\,\left[72by-4\,(1+\beta_{bb}+2\beta_{bs})^2\right]}{2\lambda_{HC}^2}, \quad j=1, 2 \tag{5.34}$$

$$CS^{HC} = \frac{72b\mu^2\gamma^2}{\lambda_{HC}^2} \tag{5.35}$$

$$SW^{HC} = \frac{\mu^2\gamma\varphi_{HC}}{\lambda_{HC}^2}. \tag{5.36}$$

其中：

$\lambda_{HC} = 36b\gamma - 2\,(\beta_{bb}+2\beta_{bs})\,(\beta_{bb}+2\beta_{bs}+2) - 6\,(2\beta_{sb}+\beta_{ss})(2\beta_{sb}+\beta_{ss}+2) - 8$，

$\varphi_{HC} = 360b\gamma - 4\,(\beta_{bb}+2\beta_{bs})\,(\beta_{bb}+2\beta_{bs}+2) - 36\,(2\beta_{sb}+\beta_{ss})(2\beta_{sb}+\beta_{ss}+2) - 40$。

（5）上、下游企业同时纵向合作

由于 b1 和 b2 同质，s1 和 s2 同质，不失一般性，假设 b1 和 s1 合作，b2 和 s2 合作。在第一阶段，b1 和 s1 以及 b2 和 s2 的目标均为最大化合作双方的总利润，联立求解 $\dfrac{\partial\sum\pi_{i1}}{\partial x_{i1}} = 0$ 和 $\dfrac{\partial\sum\pi_{i2}}{\partial x_{i2}} = 0$（i = s, b）可得均衡时的创新成果、最终产品产量、消费者剩余和社会福利分别为：

$$x_{sj}^{VC} = \frac{\mu\ (7+8\beta_{sb}+\beta_{ss})}{\lambda_{VC}}, \quad j=1,\ 2 \tag{5.37}$$

$$x_{bj}^{VC} = \frac{2\mu\ (5-\beta_{bb}+4\beta_{bs})}{\lambda_{VC}}, \quad j=1,\ 2 \tag{5.38}$$

$$Q^{VC} = \frac{12\mu\gamma}{\lambda_{VC}} \tag{5.39}$$

$$\pi_{sj}^{VC} = \frac{\mu^2\gamma\ [216by-(7+8\beta_{sb}+\beta_{ss})^2]}{\lambda_{VC}^2}, \quad j=1,\ 2 \tag{5.40}$$

$$\pi_{bj}^{VC} = \frac{2\mu^2\gamma\ [18by-(5-\beta_{bb}+4\beta_{bs})^2]}{2\lambda_{VC}^2}, \quad j=1,\ 2 \tag{5.41}$$

$$CS^{VC} = \frac{72\mu^2\gamma^2}{\lambda_{VC}^2} \tag{5.42}$$

$$SW^{VC} = \frac{\mu^2\gamma\varphi_{HC}}{\lambda_{VC}^2} \tag{5.43}$$

其中：

$\lambda_{VC} = 36by+2\ (\beta_{bb}-\beta_{bs})^2-(4\beta_{sb}+\beta_{ss})^2-18\beta_{bs}^2-2\beta_{sb}\beta_{ss}-28\beta_{bs}-8\beta_{bb}-22\beta_{sb}-8\beta_{ss}-17$，$\varphi_{VC} = 360by-4\ (\beta_{bb}-4\beta_{bs})\ (\beta_{bb}-4\beta_{bs}-10)-(8\beta_{sb}+\beta_{ss})\ (8\beta_{sb}+\beta_{ss}+14)-149$。

（6）所有企业共同合作

当上、下游产业内所有企业共同合作创新时，在第一阶段，企业的目标均为最大化所有企业的总利润，联立求解 $\dfrac{\partial \sum \pi_{ij}}{\partial x_{ij}}=0$（$i=s,\ b,\ j=1,\ 2$）可得均衡时的创新成果、最终产品产量、消费者剩余和社会福利分别为：

$$x_{sj}^{GC} = \frac{8\mu\ (1+2\beta_{sb}+\beta_{ss})}{\lambda_{GC}}, \quad j=1,\ 2 \tag{5.44}$$

$$x_{bj}^{GC} = \frac{8\mu\ (1+\beta_{bb}+2\beta_{bs})}{\lambda_{GC}}, \quad j=1,\ 2 \tag{5.45}$$

$$Q^{GC} = \frac{12\mu\gamma}{\lambda_{GC}} \qquad\qquad (5.46)$$

$$\pi_{sj}^{GC} = \frac{\mu^2\gamma \left[108by - 32(1 + 2\beta_{sb} + \beta_{ss})^2\right]}{\lambda_{GC}^2}, \quad j = 1, 2 \qquad (5.47)$$

$$\pi_{bj}^{GC} = \frac{\mu^2\gamma \left[72by - 64(1 + \beta_{bb} + 2\beta_{bs})^2\right]}{2\lambda_{GC}^2}, \quad j = 1, 2 \qquad (5.48)$$

$$CS^{GC} = \frac{72\mu^2\gamma^2}{\lambda_{GC}^2} \qquad\qquad (5.49)$$

$$SW^{GC} = \frac{\mu^2\gamma\varphi_{GC}}{\lambda_{GC}^2} \qquad\qquad (5.50)$$

其中：

$\lambda_{GC} = 36b\gamma - 8(\beta_{bb} + 2\beta_{bs})(\beta_{bb} + 2\beta_{bs} + 2) - 8(2\beta_{sb} + \beta_{ss})(2\beta_{sb} + \beta_{ss} + 2) - 16$,

$\varphi_{GC} = 360b\gamma - 64(\beta_{bb} + 2\beta_{bs})(\beta_{bb} + 2\beta_{bs} + 2) - 64(2\beta_{sb} + \beta_{ss})(2\beta_{sb} + \beta_{ss} + 2) - 128$。

5.3.2 合作模式对均衡解的影响

命题 5.1：纵向合作创新和上游企业横向合作创新均会增加所有企业创新投入和最终产品产量。

证明：将 λ_{SC} 减去 λ_{NC} 可得 $\lambda_{SC} - \lambda_{NC} = -6(\beta_{sb} + \beta_{ss})(2\beta_{sb} + \beta_{ss} + 1) < 0$，将 λ_{VC} 减去 λ_{NC} 可得 $\lambda_{VC} - \lambda_{NC} = -3(\beta_{bb} + 2\beta_{bs})^2 - (2\beta_{sb} + \beta_{ss})^2 - 2(3\beta_{bb} + 2\beta_{sb} + 6\beta_{bs} + \beta_{ss} + 2) < 0$，将 λ_{GC} 减去 λ_{NC} 可得 $\lambda_{GC} - \lambda_{NC} = -14(\beta_{bb} + \beta_{sb} - 2\beta_{bs}^2) - 8(2\beta_{bs} + 5\beta_{bb}\beta_{bs} + \beta_{ss}^2) - 13(\beta_{bb}^2 + \beta_{sb}\beta_{ss}) - 10\beta_{ss} - 20\beta_{sb}^2 - 3 < 0$，将 λ_{HC} 减去 λ_{BC} 可得 $\lambda_{HC} - \lambda_{BC} = -6(\beta_{sb} + \beta_{ss})(2\beta_{sb} + \beta_{ss} + 1) < 0$，将 λ_{GC} 减去 λ_{HC} 可得 $\lambda_{GC} - \lambda_{HC} = -8 - 2(2\beta_{sb} + \beta_{ss})(2\beta_{sb} + \beta_{ss} + 2) - 6(\beta_{bb} + 2\beta_{bs})(\beta_{bb} + 2\beta_{bs} + 2) < 0$，因此，$\lambda_{SC} < \lambda_{NC}$，$\lambda_{VC} < \lambda_{NC}$，$\lambda_{GC} < \lambda_{NC}$，$\lambda_{HC} < \lambda_{BC}$，$\lambda_{GC} < \lambda_{HC}$。

将仅上游企业横向合作时及所有企业独立创新时的企业创

新成果及最终产品产量相减可得：$x_{sj}^{SC} - x_{sj}^{NC} = 6\mu$

$$\frac{(1+\beta_{sb})(\lambda_{NC}-\lambda_{SC}) + (\beta_{sb}+\beta_{ss})\lambda_{NC}}{\lambda_{SC}\lambda_{NC}} > 0, \quad x_{bj}^{SC} - x_{bj}^{NC} =$$

$$\frac{\mu(7-5\beta_{bb}+2\beta_{bs})(\lambda_{NC}-\lambda_{SC})}{\lambda_{SC}\lambda_{NC}} > 0, \quad Q^{SC}-Q^{NC} = \frac{12\mu\gamma(\lambda_{NC}-\lambda_{SC})}{\lambda_{SC}\lambda_{NC}} > 0,$$

由于，$I_{ij}^{k} = \frac{\gamma}{2}(x_{sj}^{SC})^2$，$i=s$，$b$，$j=1$，$2$，$k=SC$，$NC$，因此，$x_{sj}^{SC}$ $>x_{sj}^{NC}$，$x_{bj}^{SC}>x_{bj}^{NC}$，$Q^{SC}>Q^{NC}$。

将上、下游企业同时横向合作时及仅下游企业横向合作时的企业创新成果及最终产品产量相减可得：$x_{sj}^{HC} - x_{sj}^{BC} = 6\mu$

$$\frac{(1+\beta_{sb})(\lambda_{BC}-\lambda_{HC}) + (\beta_{sb}+\beta_{ss})\lambda_{BC}}{\lambda_{BC}\lambda_{HC}} > 0, \quad x_{bj}^{HC} - x_{bj}^{BC} =$$

$$\frac{\mu(1+\beta_{bb}+2\beta_{bs})(\lambda_{BC}-\lambda_{HC})}{\lambda_{HC}\lambda_{BC}} > 0, \quad Q^{SC}-Q^{NC} = \frac{12\mu\gamma(\lambda_{BC}-\lambda_{HC})}{\lambda_{HC}\lambda_{BC}} > 0,$$

由于，$I_{ij}^{k} = \frac{\gamma}{2}(x_{sj}^{SC})^2$，$i=s$，$b$，$j=1$，$2$，$k=HC$，$BC$，因此，$x_{sj}^{HC}$ $>x_{sj}^{BC}$，$x_{bj}^{HC}>x_{bj}^{BC}$，$Q^{HC}>Q^{BC}$。

通过以上分析可知，当在合作创新中仅增加上游企业的横向合作时，上、下游所有企业的创新投入以及最终产品的产量得到增加，因此，上游企业横向合作创新会增加企业创新投入和最终产品产量。

将上、下游企业纵向合作时及所有企业独立创新时的企业创新投入及最终产品产量相减可得：$x_{sj}^{VC} - x_{sj}^{NC} = \mu$

$$\frac{6(1+\beta_{sb})(\lambda_{NC}-\lambda_{VC}) + (1+2\beta_{sb}+\beta_{ss})\lambda_{NC}}{\lambda_{VC}\lambda_{NC}} > 0, \quad x_{bj}^{VC} - x_{bj}^{NC} = \mu$$

$$\frac{(7-5\beta_{bb}+2\beta_{bs})(\lambda_{NC}-\lambda_{VC}) + 3(1+\beta_{bb}+2\beta_{bs})\lambda_{NC}}{\lambda_{VC}\lambda_{NC}} > 0, \quad Q^{VC}-Q^{NC} =$$

$$\frac{12\mu\gamma(\lambda_{NC}-\lambda_{VC})}{\lambda_{VC}\lambda_{NC}} > 0, \quad 由于，I_{ij}^{k} = \frac{\gamma}{2}(x_{sj}^{SC})^2，i=s，b，j=1，2，k$$

$=VC$，NC，因此，$x_{sj}^{VC}>x_{sj}^{NC}$，$x_{bj}^{VC}>x_{bj}^{NC}$，$Q^{VC}>Q^{NC}$，$j=1$，2。

将所有企业同时合作时及上、下游企业同时横向合作时的企业创新投入及最终产品产量相减可得：$x_{sj}^{GC}-x_{sj}^{HC}=\mu$

$$\frac{6(1+\beta_{sb}+\beta_{ss})(\lambda_{HC}-\lambda_{GC})+2(1+2\beta_{sb}+\beta_{ss})\lambda_{HC}}{\lambda_{GC}\lambda_{HC}}>0，x_{bj}^{GC}-x_{bj}^{HC}=\mu$$

$$\frac{2(1+\beta_{bb}+2\beta_{bs})(\lambda_{HC}-\lambda_{GC})+6(1+\beta_{bb}+2\beta_{bs})\lambda_{HC}}{\lambda_{GC}\lambda_{HC}}>0，Q^{GC}-Q^{HC}$$

$$=\frac{12\mu\gamma(\lambda_{HC}-\lambda_{GC})}{\lambda_{GC}\lambda_{HC}}>0，$$ 由于，$I_{ij}^{k}=\frac{\gamma}{2}(x_{sj}^{SC})^{2}$，$i=s$，$b$，$j=1$，$2$，

$k=GC$，HC，因此，$x_{sj}^{GC}>x_{sj}^{HC}$，$x_{bj}^{GC}>x_{bj}^{HC}$，$Q^{GC}>Q^{HC}$，$j=1$，2。

将所有企业同时合作时及所有企业独立创新时的企业创新投入及最终产品产量相减可得：$x_{sj}^{GC}-x_{sj}^{NC}=\mu$

$$\frac{6(1+\beta_{sb})(\lambda_{NC}-\lambda_{GC})+2(1+5\beta_{sb}+4\beta_{ss})\lambda_{NC}}{\lambda_{GC}\lambda_{NC}}>0，x_{bj}^{GC}-x_{bj}^{NC}=\mu$$

$$\frac{(7-5\beta_{bb}+2\beta_{bs})(\lambda_{NC}-\lambda_{GC})+(1+13\beta_{bb}+14\beta_{bs})\lambda_{NC}}{\lambda_{GC}\lambda_{NC}}>0，Q^{GC}-$$

$$Q^{NC}=\frac{12\mu\gamma(\lambda_{NC}-\lambda_{GC})}{\lambda_{GC}\lambda_{NC}}>0，$$ 由于，$I_{ij}^{k}=\frac{\gamma}{2}(x_{sj}^{SC})^{2}$，$i=s$，$b$，$j=1$，

2，$k=GC$，NC，因此，$x_{sj}^{GC}>x_{sj}^{NC}$，$x_{bj}^{GC}>x_{bj}^{NC}$，$Q^{GC}>Q^{NC}$，$j=1$，2。

通过以上分析可知，只要在合作创新中增加上、下游企业的纵向合作时，上、下游所有企业的研究投入以及最终产品的产量得到增加。因此，上、下游企业纵向合作创新会增加企业创新投入和最终产品产量。

由此可知，上游企业横向合作以及上、下游企业纵向合作总会增加所有企业创新投入和最终产品产量。命题 5.1 证毕。

命题 5.2：纵向合作创新和上游企业横向合作创新均会增加消费者剩余。

证明：将仅上游企业横向合作时及所有企业独立创新时的

消费者剩余相减可得 $CS^{SC} - CS^{NC} = \dfrac{72b\mu^2\gamma^2}{\lambda_{SC}^2\lambda_{NC}^2}$ $(\lambda_{NC}^2 - \lambda_{SC}^2) > 0$，将上、下游企业同时横向合作时及仅下游企业横向合作时的消费者剩余相减可得 $CS^{HC} - CS^{BC} = \dfrac{72b\mu^2\gamma^2}{\lambda_{BC}^2\lambda_{HC}^2}$ $(\lambda_{BC}^2 - \lambda_{HC}^2) > 0$，因此，$CS^{SC} > CS^{NC}$，$CS^{HC} > CS^{BC}$，即当在合作创新中仅增加上游企业的横向合作时，上、下游所有企业的创新投入以及最终产品的产量得到增加。因此，上游企业横向合作创新会增加企业创新投入和最终产品产量。

将上、下游企业纵向合作时及所有企业独立创新时的消费者剩余相减可得 $CS^{VC} - CS^{NC} = \dfrac{72\mu^2\gamma^2}{\lambda_{VC}^2\lambda_{NC}^2}$ $(\lambda_{NC}^2 - \lambda_{VC}^2) > 0$，将所有企业同时合作时及上、下游企业同时横向合作时的消费者剩余相减可得 $CS^{GC} - CS^{HC} = \dfrac{72\mu^2\gamma^2}{\lambda_{HC}^2\lambda_{GC}^2}$ $(\lambda_{HC}^2 - \lambda_{GC}^2) > 0$，将所有企业同时合作时及所有企业独立创新时的消费者剩余相减可得 $CS^{GC} - CS^{NC} = \dfrac{72\mu^2\gamma^2}{\lambda_{NC}^2\lambda_{GC}^2}$ $(\lambda_{NC}^2 - \lambda_{GC}^2) > 0$，因此，$CS^{VC} > CS^{NC}$，$CS^{GC} > CS^{HC}$，$CS^{GC} > CS^{NC}$，即只要在合作创新中增加上、下游企业的纵向合作时，上、下游所有企业的研究投入以及最终产品的产量得到增加。因此，上、下游企业纵向合作创新会增加企业创新投入和最终产品产量。

由此可知，上游企业横向合作以及上、下游企业纵向合作总会增加消费者剩余。命题 5.2 证毕。

5.3.3 溢出效应对均衡解的影响

命题 5.3：在所有合作创新模式下，企业创新投入、最终产品产量、企业利润、消费者剩余以及社会福利都随上游企业向下游企业的创新溢出系数，下游企业向上游企业的创新溢出系数和上游企业间的创新溢出系数的递增而提高。

证明：首先，对所有企业独立创新时的上游企业创新投入 I_{sj}（$j=1$，2）分别求关于溢出系数 β_{sb}、β_{bs} 和 β_{ss} 的一阶偏导数可得：$\dfrac{\partial I_{sj}^{NC}}{\partial \beta_{sb}} = \gamma x_{sj}^{NC}\dfrac{6\mu\rho_1}{\lambda_{NC}^2}$，$\dfrac{\partial I_{sj}^{NC}}{\partial \beta_{bs}} = \gamma x_{sj}^{NC}\dfrac{48\mu\,(1+\beta_{sb})\,(2-\beta_{bb}+\beta_{bs})}{\lambda_{NC}^2}>0$，$\dfrac{\partial I_{sj}^{NC}}{\partial \beta_{ss}} = \gamma x_{sj}^{NC}\dfrac{36\mu\,(1+\beta_{sb})^2}{\lambda_{NC}^2}>0$，其中：$\rho_1 = 36b\gamma+5\beta_{bb}^2+12\beta_{sb}\,(2+\beta_{sb})-4\beta_{bs}\,(4+\beta_{bs})-2\beta_{bb}\,(1-4\beta_{bs})+5$，由于 $\rho_1-\lambda_{NC}=6\,(1+\beta_{sb})\,(3+4\beta_{sb}+\beta_{ss})>0$，因此，$\rho_1>\lambda_{NC}>0$，$\dfrac{\partial I_{sj}^{NC}}{\partial \beta_{sb}}>0$。由此可知，所有企业独立创新时的上游企业创新投入 I_{sj} 为溢出系数 β_{sb}、β_{bs} 和 β_{ss} 的严格递增函数，即上游企业创新投入随溢出系数 β_{sb}、β_{bs} 和 β_{ss} 的增加而提高。

对下游企业创新投入 I_{bj}（$j=1$，2）分别求关于溢出系数 β_{sb}、β_{bs} 和 β_{ss} 的一阶偏导数可得：$\dfrac{\partial I_{bj}^{NC}}{\partial \beta_{sb}} = \gamma x_{bj}^{NC}\dfrac{6\mu\,(7-5\beta_{bb}+2\beta_{bs})\,(3+4\beta_{sb}+\beta_{ss})}{\lambda_{NC}^2}$，$\dfrac{\partial I_{bj}^{NC}}{\partial \beta_{bs}} = \gamma x_{bj}^{NC}\dfrac{2\mu\rho_2}{\lambda_{NC}^2}>0$，$\dfrac{\partial I_{bj}^{NC}}{\partial \beta_{ss}} = \gamma x_{bj}^{NC}\dfrac{6\mu\,(1+\beta_{sb})\,(7-5\beta_{bb}+2\beta_{bs})}{\lambda_{NC}^2}>0$。其中：$\rho_2 = 36b\gamma+(5\beta_{bb}-2\beta_{bs})\,(5\beta_{bb}-2\beta_{bs}-14)\,2-6\beta_{ss}-6\beta_{sb}\,(3+2\beta_{sb}+\beta_{ss})+42$，由于 $\rho_2-\lambda_{NC}=4\,(7-5\beta_{bb}+2\beta_{bs})\,(2-\beta_{bb}+\beta_{bs})>0$，因此，$\rho_2>\lambda_{NC}>0$，$\dfrac{\partial I_{bj}^{NC}}{\partial \beta_{sb}}>0$。由此可知，下游游企业创新投入 I_{bj} 为溢出系数 β_{sb}、β_{bs} 和 β_{ss} 的严格递增函数，即下游企业创新投入随溢出系数 β_{sb}、β_{bs} 和 β_{ss} 的增加而提高。

对最终产品产量 Q 分别求关于溢出系数 β_{sb}、β_{bs} 和 β_{ss} 的一

阶偏导数可得：$\dfrac{\partial Q^{NC}}{\partial \beta_{sb}} = \dfrac{72\mu\gamma\ (3+4\beta_{sb}+\beta_{ss})}{\lambda_{NC}^2} > 0$，$\dfrac{\partial Q^{NC}}{\partial \beta_{bs}} = $

$\dfrac{96\mu\gamma\ (2-4\beta_{bb}+\beta_{sb})}{\lambda_{NC}^2} > 0$，$\dfrac{\partial Q^{NC}}{\partial \beta_{ss}} = \dfrac{72\mu\gamma\ (1+\beta_{sb})}{\lambda_{NC}^2} > 0$。因此，最终产品产量 Q 为溢出系数 β_{sb}、β_{bs} 和 β_{ss} 的严格递增函数，即最终产品产量随溢出系数 β_{sb}、β_{bs} 和 β_{ss} 的增加而提高。

对上游企业利润 π_{sj}（j = 1，2）分别求关于溢出系数 β_{sb}、β_{bs} 和 β_{ss} 的一阶偏导数可得：$\dfrac{\partial \pi_{sj}^{NC}}{\partial \beta_{sb}} = \dfrac{36\mu^2\gamma\rho_3}{\lambda_{NC}^2}$，$\dfrac{\partial \pi_{sj}^{NC}}{\partial \beta_{bs}} = $

$\dfrac{288\mu^2\gamma\ (2-\beta_{bb}+\beta_{bs})\ [6b\gamma-(1+\beta_{sb})^2]}{\lambda_{NC}^2} > 0$，$\dfrac{\partial \pi_{sj}^{NC}}{\partial \beta_{ss}} = $

$\dfrac{216\mu^2\gamma\ (1+\beta_{sb})\ [6b\gamma-(1+\beta_{sb})^2]}{\lambda_{NC}^2} > 0$。其中，$\rho_3 = 36b\gamma\ (2+3\beta_{sb}$

$+\beta_{ss}) - (1+\beta_{sb})\ [5\beta_{bb}^2+12\beta_{sb}\ (2+\beta_{sb}) -4\beta_{bs}\ (4+\beta_{bs}) -2\beta_{bb}$

$(2-8\beta_{bs}) +5]$，由于，$2+3\beta_{sb}+\beta_{ss}>1+\beta_{sb}$，因此，$\rho_3>\tilde{\rho}_3 = 36b\gamma-$

$[5\beta_{bb}^2+12\beta_{sb}\ (2+\beta_{sb}) -4\beta_{bs}\ (4+\beta_{bs}) -2\beta_{bb}\ (2-8\beta_{bs}) +5]$。由

$\tilde{\rho}_3 - \lambda_{VC} = 10\beta_{bb}-7\beta_{bb}^2+12-2\beta_{sb}+44\beta_{bs}-4\beta_{bb}+\beta_{ss}\ (10\beta_{sb}+\beta_{ss}+8) +$

$4\beta_{sb}^2+20\beta_{bs}^2>0$ 可知，$\rho_3>\tilde{\rho}_3>\lambda_{VC}>0$，因此，$\dfrac{\partial \pi_{sj}^{NC}}{\partial \beta_{sb}}>0$。由此可知，

上游企业利润 π_{sj} 为溢出系数 β_{sb}、β_{bs} 和 β_{ss} 的严格递增函数，即上游企业利润随溢出系数 β_{sb}、β_{bs} 和 β_{ss} 的增加而提高。

对下游企业利润 π_{bj}（j = 1，2）分别求关于溢出系数 β_{sb}、β_{bs} 和 β_{ss} 的一阶偏导数可得：$\dfrac{\partial \pi_{bj}^{NC}}{\partial \beta_{sb}} = $

$\dfrac{6\mu^2\gamma\ (3+4\beta_{sb}+\beta_{ss})\ [72b\gamma-(7-5\beta_{bb}+2\beta_{bs})^2]}{\lambda_{NC}^2} > 0$，$\dfrac{\partial \pi_{bj}^{NC}}{\partial \beta_{bs}} = $

$\dfrac{2\mu^2\gamma\rho_4}{\lambda_{NC}^2}$，$\dfrac{\partial\,\pi_{bj}^{NC}}{\partial\,\beta_{ss}}=\dfrac{2\mu^2\gamma\rho_4}{\lambda_{NC}^2}>0$，其中，$\rho_4=36b\gamma\,(9-3\beta_{bb}+6\beta_{bs})-$

$(7-5\beta_{bb}+2\beta_{bs})\,[\,13-6\beta_{ss}\,(5\beta_{bb}-2\beta_{bs})\,(5\beta_{bb}-2\beta_{bs}-14)-6\beta_{sb}$

$(3+2\beta_{sb}+\beta_{ss})\,]$，由于 $9-3\beta_{bb}+6\beta_{bs}>7-5\beta_{bb}+2\beta_{bs}>0$，因此 $\rho_4>$

$\tilde{\rho}_4=36b\gamma-[\,(5\beta_{bb}-2\beta_{bs})\,(5\beta_{bb}-2\beta_{bs}-14)-6\beta_{sb}\,(3+2\beta_{sb}+\beta_{ss})$

$-6\beta_{ss}+13\,]$，由 $\tilde{\rho}_4-\lambda_{VC}=78\beta_{bb}-27\beta_{bb}^2+28\beta_{sb}^2+12\beta_{bs}^2+\beta_{ss}^2+24\beta_{bb}\beta_{bs}+$

$16\beta_{sb}\beta_{ss}+14\beta_{ss}+40\beta_{sb}+4>0$ 可知 $\rho_4>\tilde{\rho}_4>\lambda_{VC}>0$，因此，$\dfrac{\partial\,\pi_{bj}^{NC}}{\partial\,\beta_{bs}}>0$。

由此可知，下游企业利润 π_{bj} 为溢出系数 β_{sb}、β_{bs} 和 β_{ss} 的严格递增函数，即下游企业利润随溢出系数 β_{sb}、β_{bs} 和 β_{ss} 的增加而提高。

对消费者剩余 CS 分别求关于溢出系数 β_{sb}，β_{bs} 和 β_{ss} 的一阶偏导数可得：$\dfrac{\partial\,CS^{NC}}{\partial\,\beta_{sb}}=\dfrac{72b\mu\gamma\,(3+4\beta_{sb}+\beta_{ss})\,Q^{NC}}{\lambda_{NC}^2}>0$，$\dfrac{\partial\,CS^{NC}}{\partial\,\beta_{bs}}=$

$\dfrac{96b\mu\gamma\,(2-4\beta_{bb}+\beta_{sb})\,Q^{NC}}{\lambda_{NC}^2}>0$，$\dfrac{\partial\,CS^{NC}}{\partial\,\beta_{ss}}=\dfrac{72b\mu\gamma\,(1+\beta_{sb})\,Q^{NC}}{\lambda_{NC}^2}>0$。

因此，消费者剩余 CS 为溢出系数 β_{sb}、β_{bs} 和 β_{ss} 的严格递增函数，即消费者剩余随溢出系数 β_{sb}、β_{bs} 和 β_{ss} 的增加而提高。

对社会福利 SW 分别求关于溢出系数 β_{sb}、β_{bs} 和 β_{ss} 的一阶偏导数可得：$\dfrac{\partial\,SW^{NC}}{\partial\,\beta_{sb}}=2\dfrac{\partial\,\pi_{sj}^{NC}}{\partial\,\beta_{sb}}+2\dfrac{\partial\,\pi_{bj}^{NC}}{\partial\,\beta_{sb}}+\dfrac{\partial\,CS^{NC}}{\partial\,\beta_{sb}}>0$，$\dfrac{\partial\,SW^{NC}}{\partial\,\beta_{bs}}=2$

$\dfrac{\partial\,\pi_{sj}^{NC}}{\partial\,\beta_{bs}}+2\dfrac{\partial\,\pi_{bj}^{NC}}{\partial\,\beta_{bs}}+\dfrac{\partial\,CS^{NC}}{\partial\,\beta_{bs}}>0$，$\dfrac{\partial\,SW^{NC}}{\partial\,\beta_{ss}}=2\dfrac{\partial\,\pi_{sj}^{NC}}{\partial\,\beta_{ss}}+2\dfrac{\partial\,\pi_{bj}^{NC}}{\partial\,\beta_{ss}}+\dfrac{\partial\,CS^{NC}}{\partial\,\beta_{ss}}>$

0。因此，社会福利 SW 为溢出系数 β_{sb}、β_{bs} 和 β_{ss} 的严格递增函数，即社会福利随溢出系数 β_{sb}、β_{bs} 和 β_{ss} 的增加而提高。

同理，分别求其余五种合作创新模式下的上、下游企业创新投入 I_{sj} 和 I_{bj}（$j=1$，2），最终产品产量 Q，上、下游企业利润

π_{sj} 和 π_{bj}，消费者剩余 CS 以及社会福利 SW 关于溢出系数 β_{sb}、β_{bs} 和 β_{ss} 的一阶偏导数可得，$\dfrac{\partial \, I_{sj}^{R}}{\partial \, \beta_{i}}>0$，$\dfrac{\partial \, I_{bj}^{R}}{\partial \, \beta_{i}}>0$，$\dfrac{\partial \, Q^{R}}{\partial \, \beta_{i}}>0$，$\dfrac{\partial \, \pi_{sj}^{R}}{\partial \, \beta_{i}}>0$，$\dfrac{\partial \, \pi_{bj}^{R}}{\partial \, \beta_{i}}>0$，$\dfrac{\partial \, CS^{R}}{\partial \, \beta_{i}}>0$，$\dfrac{\partial \, SW^{R}}{\partial \, \beta_{i}}>0$，R = SC，BC，HC，VC，GC，i = sb，bs，ss，j = 1，2。因此，其余五种合作创新模式下的上、下游企业创新投入 I_{sj} 和 I_{bj}，最终产品产量 Q，上、下游企业利润 π_{sj} 和 π_{bj}，消费者剩余 CS 以及社会福利 SW 均为溢出系数 β_{sb}，β_{bs} 和 β_{ss} 的严格递增函数，即企业创新投入、最终产品产量、企业利润、消费者剩余以及社会福利随溢出系数 β_{sb}、β_{bs} 和 β_{ss} 的递增而提高。

由此可知，在所有合作创新模式下，企业创新投入、最终产品产量、企业利润、消费者剩余以及社会福利都随上游企业向下游企业的创新溢出系数 β_{sb}，下游企业向上游企业的创新溢出系数 β_{bs} 和上游企业间的创新溢出系数 β_{ss} 的递增而提高。命题 5.3 证毕。

命题 5.4：①所有合作创新模式下，下游企业的创新投入及利润随下游企业间的创新溢出系数 β_{bb} 的增加而提高；②下游企业横向合作，上、下游企业同时横向合作，以及上、下游所有企业共同合作（即合作模式中包括有下游企业横向合作）模式下，以及 $1-5\beta_{bb}+4\beta_{bs}>0$ 时，所有企业独立创新和上游企业横向合作模式下的上游企业创新投入及利润、最终产品产量、消费者剩余以及社会福利随下游企业间的创新溢出系数 β_{bb} 的增大而提高。

证明：求所有企业独立创新时的上、下游企业创新投入 I_{sj} 和 I_{bj}（j = 1，2）、最终产品产量 Q，上、下游企业利润 π_{sj} 和 π_{bj}、消费者剩余 CS 以及社会福利 SW 关于溢出系数 β_{bb} 的一阶偏导数可得：$\dfrac{\partial \, I_{sj}^{NC}}{\partial \, \beta_{bb}}=\gamma x_{sj}^{NC} \dfrac{12\mu \, (1+\beta_{sb})(1-5\beta_{bb}+4\beta_{bs})}{\lambda_{NC}^{2}}$，$\dfrac{\partial \, I_{bj}^{NC}}{\partial \, \beta_{bb}}=$

$\gamma x_{sj}^{NC} \dfrac{\mu\theta_1}{\lambda_{NC}^2}$, $\dfrac{\partial Q^{NC}}{\partial \beta_{bb}} = \dfrac{24\mu\gamma(1-5\beta_{bb}+4\beta_{bs})}{\lambda_{NC}^2}$, $\dfrac{\partial \pi_{bj}^{NC}}{\partial \beta_{bb}} = \dfrac{\mu^2\gamma\theta_2}{\lambda_{NC}^2}$, $\dfrac{\partial \pi_{sj}^{NC}}{\partial \beta_{bb}}$

$= \dfrac{72\mu^2\gamma[6b\gamma-(1+\beta_{sb})^2](1-5\beta_{bb}+4\beta_{bs})}{\lambda_{NC}^2}$, $\dfrac{\partial CS^{NC}}{\partial \beta_{bb}} =$

$\dfrac{24b\mu\gamma(1-5\beta_{bb}+4\beta_{bs})Q^{NC}}{\lambda_{NC}^2}$, 其中, $\theta_1 = 180b\gamma-(5\beta_{bb}-2\beta_{bs})^2-$

$30\beta_{sb}(3+2\beta_{sb}+\beta_{ss})-30\beta_{ss}-28\beta_{bs}+70\beta_{bb}-79$, $\theta_2 = -(7-5\beta_{bb}+$

$2\beta_{bs})[(5\beta_{bb}-2\beta_{bs})^2-30\beta_{sb}(3+2\beta_{sb}+\beta_{ss})-30\beta_{ss}-28\beta_{bs}+70\beta_{bb}-$

$79]+180b\gamma(15-13\beta_{bb}+2\beta_{bs})$。

由 $15-13\beta_{bb}+2\beta_{bs}>7-5\beta_{bb}+2\beta_{bs}$ 可知 $\theta_2>\theta_1$, 而由 $\theta_1-5\lambda_{VC}=$

$5(22-7\beta_{bb})\beta_{bb}+20\beta_{sb}^2+76\beta_{bs}^2+40\beta_{bb}\beta_{bs}+112\beta_{bs}+20\beta_{sb}(1+\beta_{ss})$

$+5\beta_{ss}(2+\beta_{ss})+6>0$ 可知 $\theta_2>\theta_1>\lambda_{VC}>0$, $\dfrac{\partial I_{bj}^{NC}}{\partial \beta_{bb}}>0$, $\dfrac{\partial \pi_{bj}^{NC}}{\partial \beta_{bb}}>0$。因

此, 下游企业的创新投入 I_{bj} 及利润 π_{bj} ($j=1$, 2) 为溢出系数 β_{bb} 的严格递增函数, 即下游企业的创新投入及利润随溢出系数 β_{bb} 的增大而提高。

当 $1-5\beta_{bb}+4\beta_{bs}>0$ 时, $\dfrac{\partial I_{sj}^{NC}}{\partial \beta_{bb}}>0$, $\dfrac{\partial Q^{NC}}{\partial \beta_{bb}}>0$, $\dfrac{\partial \pi_{sj}^{NC}}{\partial \beta_{bb}}>0$,

$\dfrac{\partial SW^{NC}}{\partial \beta_{bb}} = 2\dfrac{\partial \pi_{sj}^{NC}}{\partial \beta_{bb}}+2\dfrac{\partial \pi_{bj}^{NC}}{\partial \beta_{bb}}+\dfrac{\partial CS^{NC}}{\partial \beta_{bb}}>0$, 此时, 上游企业的创新投

入 I_{sj} 及利润 π_{sj} ($j=1$, 2)、终产品产量 Q、消费者剩余 CS 以及社会福利 SW 为溢出系数 β_{bb} 的严格递增函数, 即上游企业的创新投入及利润、最终产品产量、消费者剩余以及社会福利随溢出系数 β_{bb} 的增大而提高。

同理, 求上游企业横向合作时的上、下游企业创新投入 I_{sj} 和 I_{bj} ($j=1$, 2)、最终产品产量 Q、上、下游企业利润 π_{sj} 和 π_{bj}、消费者剩余 CS 以及社会福利 SW 关于溢出系数 β_{bb} 的一阶

偏导数可得：$\dfrac{\partial I_{bj}^{NC}}{\partial \beta_{bb}}>0$，$\dfrac{\partial \pi_{bj}^{NC}}{\partial \beta_{bb}}>0$；当 $1-5\beta_{bb}+4\beta_{bs}>0$ 时，$\dfrac{\partial I_{sj}^{NC}}{\partial \beta_{bb}}>$

0，$\dfrac{\partial Q^{NC}}{\partial \beta_{bb}}>0$，$\dfrac{\partial \pi_{sj}^{NC}}{\partial \beta_{bb}}>0$，$\dfrac{\partial SW^{NC}}{\partial \beta_{bb}}=2\dfrac{\partial \pi_{sj}^{NC}}{\partial \beta_{bb}}+2\dfrac{\partial \pi_{bj}^{NC}}{\partial \beta_{bb}}+\dfrac{\partial CS^{NC}}{\partial \beta_{bb}}>0$。

因此，下游企业的创新投入 I_{bj} 及利润 π_{bj} 为溢出系数 β_{bb} 的严格递增函数，即下游企业的创新投入及利润随溢出系数 β_{bb} 的增加而提高；当 $1-5\beta_{bb}+4\beta_{bs}>0$ 时，上游企业的创新投入 I_{sj} 及利润 π_{sj}（$j=1$，2）、终产品产量 Q、消费者剩余 CS 以及社会福利 SW 为溢出系数 β_{bb} 的严格递增函数，即上游企业的创新投入及利润、最终产品产量、消费者剩余以及社会福利随溢出系数 β_{bb} 的增大而提高。

最后，求下游企业横向合作，上、下游企业同时横向合作，以及上下游所有企业共同合作（合作模式中包括有下游企业横向合作）时的上、下游企业创新投入 I_{sj} 和 I_{bj}（$j=1$，2）、最终产品产量 Q、上、下游企业利润 π_{sj} 和 π_{bj}、消费者剩余 CS 以及社会福利 SW 关于溢出系数 β_{bb} 的一阶偏导数可得：$\dfrac{\partial I_{sj}^{NC}}{\partial \beta_{bb}}>0$，$\dfrac{\partial I_{bj}^{NC}}{\partial \beta_{bb}}>0$，

$\dfrac{\partial Q^{NC}}{\partial \beta_{bb}}>0$，$\dfrac{\partial \pi_{sj}^{NC}}{\partial \beta_{bb}}>0$，$\dfrac{\partial \pi_{bj}^{NC}}{\partial \beta_{bb}}>0$，$\dfrac{\partial SW^{NC}}{\partial \beta_{bb}}>0$。因此，上、下游企业创新投入 I_{sj} 和 I_{bj}、最终产品产量 Q、上、下游企业利润 π_{sj} 和 π_{bj}、消费者剩余 CS 以及社会福利 SW 均为溢出系数 β_{bb} 的严格递增函数，即所有企业的创新投入及利润、最终产品产量、消费者剩余以及社会福利均随溢出系数 β_{bb} 的增大而提高。

由此可知，所有合作创新模式下，下游企业的创新投入及利润随下游企业间的创新溢出系数 β_{bb} 的增加而提高；下游企业横向合作，上、下游企业同时横向合作，以及上下游所有企业共同合作（即合作模式中包括有下游企业横向合作）模式下，以及 $1-5\beta_{bb}+4\beta_{bs}>0$ 时，所有企业独立创新和上游企业横向合

作模式下的上游企业创新投入及利润、最终产品产量、消费者剩余以及社会福利随下游企业间的创新溢出系数 β_{bb} 的增大而提高。命题 5.4 证毕。

命题 5.3 和命题 5.4 表明：

①在所有创新合作模式下，所有企业的创新投入及利润、最终产品产量、消费者剩余和社会福利总是随着纵向溢出效应（β_{sb} 和 β_{bs}）以及上游企业间横向溢出效应 β_{ss} 的增大而增加。

②当供应链进行下游企业横向合作，上、下游企业同时横向合作，以及上下游所有企业共同合作（合作模式中包括有下游企业横向合作），所有企业的创新投入及利润、产品产量、消费者剩余和社会福利都将随着下游企业间溢出效应 β_{bb} 的增大而提高。

③当所有企业选择独立创新，或仅上游企业横向合作时，下游企业间横向溢出效应 β_{bb} 的提高会增加下游企业的创新投入及利润；对上游企业的创新投入及利润、产品产量、消费者剩余和社会福利的影响不确定，若 $1-5\beta_{bb}+4\beta_{bs}>0$，这些参数将随下游企业间横向溢出效应 β_{bb} 的提高而增加。

5.3.4 政策建议

由于创新成果具有公共品的部分特征，企业的创新成果很容易被对手模仿，使得创新给创新企业带来的利润就小于社会收益（溢出效应的外部经济性）。但是外部经济性可能导致"搭便车"现象，在一定程度上损害企业创新活动的积极性，因此，必须让创新企业也获得这种外部性，以此激励企业加大创新投入。

①由于纵向合作创新和上游产业内的横向合作创新总是会增加创新投入和最终产品产量以及消费者剩余，但是对企业利润的影响不确定。因此，政府应鼓励企业这种创新合作方式，

必要时给予政策扶持，如进行税收或财政补贴，甚至是直接以风险投资等方式投入企业的创新活动，将这种外部性返回给企业，但这样可能带来创新企业的"道德风险"问题（如侵占或挪用创新资金等）。因此政府必须严密监管资金的去向和使用效率，在政府和企业的博弈过程中，必须使政府的退出威胁更可信，这样才能使双方达到最优。

②纵向溢出效应和上游企业间横向溢出效应有利于提高企业的创新投入、最终产品产量、消费者剩余以及社会福利，因此，供应链上游企业之间以及上下游企业之间应加强创新人员的沟通及交流，促进创新信息的流动，提高创新溢出效应；同时政府应采取有力措施加速创新成果的扩散，如缩短创新企业产品的专利保护期限、鼓励企业采用反求工程等技术分析创新产品，以此提高创新成果的溢出，增加企业创新投入，提高社会整体利益。

③当下游企业进行合作创新时，随着下游企业间横向溢出效应的增加，企业的创新投入及利润、最终产品产量、消费者剩余以及社会福利也将增加；若下游企业独立创新时，下游企业的创新投入和利润会随下游企业间横向溢出效应的增加而提高，但上游企业的创新投入和利润，最终产品产量、消费者剩余以及社会福利则需在下游企业间横向溢出效应和下游企业向上游企业的创新溢出效应均较小时才会随下游企业间横向溢出效应的增加而提高，否则会随下游企业间横向溢出效应的增加而降低。因此，鉴于我国的专利法规不健全，法规实施不力，供应链同一层级企业间横向溢出效应较大的现状，政府应鼓励下游企业间加强创新合作，将溢出效应的外部经济性内部化，不但可以增加下游企业创新投入及利润，还可以提高企业的创新投入及利润、最终产品产量、消费者剩余，最终实现社会福利的提高。

5.4   本章小结

本章考虑供应链上创新同时存在纵向和横向溢出效应，建立了不同合作创新模式下（上、下游所有企业独立创新；上游企业横向合作，下游企业独立创新；上游企业独立创新，下游企业横向合作；上、下游企业同时横向合作；上、下游企业同时纵向合作；上、下游所有企业共同合作等）的企业创新及生产博弈模型，研究了不同合作创新模式下均衡时的企业创新及生产策略，以及相应的消费者和社会福利，比较分析了不同合作创新模式下的最优企业创新投入及利润、最终产品产量、消费者剩余以社会福利，并分析了创新溢出效应对企业创新投入及利润、最终产品产量、消费者剩余以社会福利等均衡解的影响。研究发现：

①纵向合作创新以及上游企业间的合作创新有利于将溢出效应的外部经济性内部化，提高企业的创新投入和产量以及消费者剩余，但可能会降低企业的利润。

②供应链上游的企业间创新溢出效应以及供应链上、下游企业间的创新溢出效应在所有合作创新模式下都能提高所有企业的创新投入及利润、最终产品产量、消费者剩余以及社会福利，但下游企业间的溢出效应需在有下游企业合作创新或下游企业间的溢出效应较小的情况下才有利于提高所有企业的创新投入及利润、最终产品产量、消费者剩余以及社会福利。

③有鉴于此，考虑到我国创新横向溢出效应较大的现状，政府应对供应链上的各种合作创新模式进行扶持，必要时可对其进行补贴，并促进创新人员和信息在上游产业内和上、下游产业间的流动，以提高溢出效应，激励企业增加创新投入及利润，提高最终产品产量、消费者剩余及社会福利。

6 混合溢出下的供应链纵向合作创新机制设计

6.1 引言

"溢出"的概念最早产生于经济学理论，主要用于描述区域内企业由于存在信任和其他社会关系而更易于获得创新信息的一种外部经济性现象。此后，福利经济学派学者提出了更为一般化的经济外部性概念，认为在绝大多数生产领域，经济实体所投入特定生产要素的边际私人纯产值和边际社会纯产值之间存在难以被市场机制所识别和度量的差异，从而提出了外部经济和外部不经济的概念。

溢出效应（Spillover Effects）则是指企业研发成果的公共品属性导致其能为其他企业所无偿使用，包括外生溢出，即企业无法避免和控制的溢出，以及内生溢出，即企业所愿意的、可控制的溢出（Silipo 和 Weiss，2005）。研发溢出的存在打击了企业独立研发的积极性，降低了企业研发投入。而合作研发则因其能将溢出效应内部化，增加成员的研发投入，日益成为企业首选的研发组织模式（Cellinia 和 Lambertini，2008）。

存在溢出效应条件下的研发合作策略一直是合作创新领域

研究热点。存在溢出效应的两阶段双寡头博弈模型（AJ 模型）是该领域的经典模型，为研究不完全竞争市场结构下合作研发奠定了基石。之后，国内外众多学者在 AJ 模型基础上，从不同方面分析了存在溢出效应时的产业内竞争企业间研发合作（横向研发合作）最优合作研发投资策略（黄波、孟卫东和任玉珑，2009）以及政府对企业研发投入的激励政策（Leahy 和 Neary，2007）。近年来，随着市场竞争由传统的企业与企业间的竞争转变为供应链之间的竞争，供应链纵向合作研发成为非常重要的合作研发方式，如福特利用 C3P 系统，通用汽车利用 PLM 软件，使其全球主要供应商参与其研发过程。对日本公司研发合作的研究表明，有近 90% 的公司之间的研发合作是纵向的（Rokuhara，1985）。因此，很多学者对存在溢出效应时的供应链上下游企业间研发合作最优合作策略进行了研究（Ishii，2004）。

以上研究均只考虑了研发的外生溢出部分，忽略了企业可以控制的内生溢出部分。事实上，企业是可以通过溢出水平的控制来影响合作伙伴的合作策略（包括研发投入、产品产量和溢出水平等）。因此，近年来一些学者开始对存在内生溢出和外生溢出（即混合溢出）条件下横向合作创新策略进行了研究，如在 AJ 模型的基础上，研究了存在混合溢出条件下，横向合作创新成员的最优研发投资策略和溢出水平（侯光明和艾凤义，2006），其研究表明：企业进行合作创新时会选择最大的内生溢出水平，企业单独进行研发时则会选择最小的内生溢出水平；合作创新时的研发成果、利润及产量均比不合作时高。但目前鲜有对存在混合溢出条件下纵向合作创新策略进行的研究。

基于此，本章考虑供应链上下游企业间不仅存在着企业无法避免和控制的外生溢出，还存在着企业所愿意的、可以控制的溢出内生溢出，建立了存在混合溢出条件下的供应链纵向研发合作模型，研究双方在不合作、半合作以及完全合作等形式下的合作策略，并为促进双方完全合作提出了一种利润分配机制，为供应链上、下游企业制定纵向合作研发策略提供决策借鉴。

6.2　问题描述及模型建立

6.2.1　问题描述

供应链由一家上游企业（用 s 表示）和一家下游企业（用 b 表示）构成。上游企业向下游企业提供中间产品，下游企业用一单位的中间产品生产一单位的最终产品。现上、下游企业都决定进行降低单位产品生产成本的创新活动，创新活动存在成果溢出效应，且其中部分溢出效应是企业可以控制的内生溢出，其余则是企业无法控制的外生溢出，因此，双方需就创新合作方式、创新投入和溢出水平进行决策。

供应链上、下游企业的博弈过程如下。

第一阶段是创新投入上的博弈；第二阶段是在内生溢出水平上进行博弈；第三阶段是在产量和中间产品价格上进行斯坦克伯格博弈。根据三个阶段是否存在合作，可将博弈划分为三种形式。第一种是不合作，即在产量和 R&D 投入上均不合作；第二种是半合作，即在产量上不合作而在 R&D 合作以最大化共同利润；第三种是完全合作，即以供应链合作双方共同利润最大化为目的，在产量和 R&D 投入上均保持合作。

6.2.2　模型建立

供应链由一家上游企业（用 s 表示）和一家下游企业（用 b

表示）构成，上游企业以 w 的转移价格将中间产品卖给下游企业，下游企业则将中间产品生产为最终产品（每生产一个最终产品需一个中间产品），并以 p 的价格将最终产品卖给消费者，最终产品的反需求函数为 $p=a-bQ$，其中，a，$b>0$。

现上、下游企业都决定进行降低单位产品生产成本的创新活动，由于创新成果溢出效应的存在，企业的创新成果会被供应链上其他企业或利用，在一定程度的降低其单位产品生产成本。因此，进行创新活动之后，上游企业的单位产品生产成本 C_s 为其初始成本 C_{s0} 以及上游企业创新成果 x_s 和下游企业创新成果 x_b 的函数，即上游企业的单位产品生产成本为 $C_s=C_{s0}-x_s-\beta_b x_b$。同样，下游企业的单位产品生产成本 C_b 为其初始成本 C_{b0} 以及下游企业创新成果 x_b 和上游企业创新成果 x_s 的函数，下游企业的单位产品生产成本为 $C_b=C_{b0}-x_b-\beta_s x_s$。其中，$0\leq\beta_b\leq1$ 为下游企业向上游企业的创新混合溢出系数（即下游游企业的单位产品生产成本每降低 1 个单位，上游企业的单位产品生产成本就会降低 β_b），β_b 等于外生溢出系数 e_b（$0\leq e_b\leq1$）与内生溢出系数 r_b（$0\leq r_b\leq1$）之和，即 $\beta_b=e_b+r_b$；$0\leq\beta_s\leq1$ 为上游企业向下游企业的创新混合溢出系数（即上游游企业的单位产品生产成本每降低 1 个单位，下游企业的单位产品生产成本就会降低 β_s），β_s 等于外生溢出系数 e_s（$0\leq e_b\leq1$）与内生溢出系数 r_s（$0\leq r_s\leq1$）之和，即 $\beta_s=e_s+r_s$，溢出系数反映了成果溢出效应的大小。

本章假设企业的创新投入 I_i（$i=s$，b）为其创新成果 x_i 的二次函数，即 $I_i=\gamma\dfrac{x_i^2}{2}$，其中，$\gamma>0$ 表示创新难度，即 γ 越大，创新难度越大，要降低相同的单位产品生产成本所需创新投入越高。

由于最终产品产品价格 p、中间产品价格 w 和单位产品生产

成本 C_i（i=s，b）均应为正。因此，供应链合作创新的参数需满足以下条件：a>w+C_{b0}>C_{s0}+C_{b0}，C_{s0}>x_s-$\beta_b x_b$，C_{b0}>x_b-$\beta_s x_s$。

最终产品反需求函数，企业的单位产品生产成本函数，企业间创新成果溢出系数，企业创新投入函数等供应链生产、创新合作的所有参数均为所有企业的共同知识。

由此可得，上游企业的利润为：

$$\pi_s = \{w - [C_{s0} - x_s - (e_b + r_b) \ x_b]\}Q - \frac{\gamma x_s^2}{2} \tag{6.1}$$

下游企业利润为：

$$\pi_b = \{a - bQ - w - [C_{b0} - x_b - (e_s + r_s) \ x_s]\}Q - \frac{\gamma x_b^2}{2} \tag{6.2}$$

6.3 模型分析

6.3.1 均衡解分析

企业在两个阶段进行博弈。第一阶段是在创新成果及内生溢出水平上进行博弈；第二阶段是在产量和中间产品价格上进行斯坦克伯格博弈。根据这两个阶段是否存在合作，可将博弈划分为三种形式。第一种是不合作（以下标 NC 表示），即在产量和创新投入上均不合作，以自身利润最大化为目标进行决策；第二种是半合作（以下标 HC 表示），即在产量上不合作，以自身利润最大化为目标进行决策，在创新上进行合作以最大化共同利润为目标选择创新成果水平；第三种是完全合作（以下标 TC 表示），即在产量和创新投入上均进行合作，以共同利润最大化为目标进行决策。下面运用逆向归纳法，分别讨论这三种情况下使企业利润最大的创新投资决策和溢出水平。

（1）不合作

在不合作模式下，企业在产量和创新上均不合作。在第二阶段，首先由下游企业 b 选择产量 Q，以最大化自己的利润，求解 $\dfrac{\partial \pi_{bNC}}{\partial Q} = 0$ 可得 π_{bNC} 最大时的产量 Q_{NC}^* 为：

$$Q_{NC}^* = \frac{a-w-\left[C_{b0}-x_b-(e_s+r)_s x_s\right]}{2b} \qquad (6.3)$$

（6.3）式为下游企业 b 的反应函数，即给定中间产品价格，下游企业的中间产品购买量。

由于最终产品反需求函数，企业的单位产品生产成本函数、企业间创新成果溢出系数、企业创新投入函数等供应链生产、创新合作的所有参数均为所有企业的共同知识。因此，上游企业知道下游企业的反应函数。上游企业就会根据下游企业的反应函数确定中间产品转移价格 w，以最大化自身利润，求解 $\dfrac{\partial \pi_{sNC}}{\partial w} = 0$ 可得 π_{sNC} 最大时的转移价格 w_{NC}^* 为：

$$w_{NC}^* = \frac{a-\left[C_{b0}-x_b-(e_s+r_s)x_s\right]+\left[C_{s0}-x_s-(e_b+r_b)x_b\right]}{2}$$

$$(6.4)$$

在第一阶段，上、下游企业选择各自的创新成果 x_i 和内生溢出水平 r_i（i=s，b）以最大化自己的利润。

不妨命 $\mu=(a-C_{b0}-C_{s0})$，$\theta_i=1+e_i+r_i$，（i=s，b），则分别求上、下游企业利润 π_{sNC} 和 π_{bNC} 关于内生溢出系数 r_i 的一阶偏导数可得 $\dfrac{\partial \pi_{sNC}}{\partial r_s} = \dfrac{x_s}{4b}\left(\mu+\sum_{i=s,b}x_i\theta_i\right)>0$，$\dfrac{\partial \pi_{bNC}}{\partial r_b} = \dfrac{x_b}{8b}\left(\mu+\sum_{i=s,b}x_i\theta_i\right)>0$，因此，上、下游企业利润 π_{sNC} 和 π_{bNC} 均为内生溢出系数 r_i 的严格单调递增函数，即 r_i 取最大值 $r_i=1-e_i$ 时，上、下游企业利润 π_{sNC} 和 π_{bNC} 最大。

接下来，上、下游企业还需同时选择各自创新成果以使自己的利润最大化。联立求解 $\dfrac{\partial \pi_{iNC}}{\partial x_i}=0$（$i=s$，$b$）可得均衡时的上、下游企业最优创新成果 x^*_{sNC} 和 x^*_{bNC} 分别为：

$$x^*_{sNC}=\frac{\mu}{\lambda_{NC}} \tag{6.5}$$

$$x^*_{bNC}=\frac{\mu}{2\lambda_{NC}} \tag{6.6}$$

其中，$\lambda_{NC}=2b\gamma-3$，由于 $x^*_{iNC}\geqslant0$，因此，$2b\gamma-3>0$。

将均衡时的上、下游企业最优创新成果 x^*_{sNC} 和 x^*_{bNC} 代入（6.1）式、（6.2）式和（6.3）式以及消费者剩余和社会福利函数可得均衡时的产量 Q^*_{NC}，企业利润 π^*_{iNC}（$i=s$，b），消费者剩余 CS^*_{NC} 和社会福利 SW^*_{NC} 分别为：

$$Q^*_{NC}=\frac{\mu\gamma}{2\lambda_{NC}} \tag{6.7}$$

$$\pi^*_{sNC}=\frac{\mu^2\gamma\,(b\gamma-1)}{2\lambda^2_{NC}} \tag{6.8}$$

$$\pi^*_{bNC}=\frac{\mu^2\gamma\,(2b\gamma-1)}{8\lambda^2_{NC}} \tag{6.9}$$

$$CS^*_{NC}=\frac{b\mu^2\gamma^2}{8\lambda^2_{NC}} \tag{6.10}$$

$$SW^*_{NC}=\frac{\mu^2\gamma\,(7b\gamma-5)}{8\lambda^2_{NC}} \tag{6.11}$$

（2）半合作

在半合作模式下，两个企业在产量不合作，但在创新上进行合作。在第二阶段，即产量和中间产品价格的博弈阶段，上、下游企业的决策与不合作时的决策相同，即：

$$Q^*_{HC}=\frac{a-w-\left[C_{b0}-x_b-(e_s+r)_s x_s\right]}{2b} \tag{6.12}$$

$$w_{HC}^* = \frac{a - \left[C_{b0} - x_b - (e_s + r_s)\, x_s \right] + \left[C_{s0} - x_s - (e_b + r_b)\, x_b \right]}{2}$$

$$(6.13)$$

在第一阶段，上、下游企业共同决定企业的创新成果 x_i 和内生溢出水平 r_i（$i = s$，b）以最大化双方总利润。由 $\dfrac{\partial\ (\pi_{sHC} + \pi_{bHC})}{\partial\ r_s} = \dfrac{3x_s\,(\mu + \sum\limits_{i=s,b} x_i \theta_i)}{8b} > 0$，$\dfrac{\partial\ (\pi_{sHC} + \pi_{bHC})}{\partial\ r_b} = \dfrac{3x_b\,(\mu + \sum\limits_{i=s,b} x_i \theta_i)}{8b} > 0$，可知双方总利润为内生溢出水平 r_i 的严格单调递增函数，即 $r_i = 1 - e_i$ 时双方总利润最大。

接下来，合作双方还需要共同决定企业的创新成果 x_i（$i = s$，b）以使双方总利润最大化。求解 $\dfrac{\partial\ (\pi_{sHC} + \pi_{bHC})}{\partial\ x_i} = 0$（$i = s$，$b$），可得均衡时的上、下游企业最优创新成果 x_{sHC}^* 和 x_{bHC}^* 分别为：

$$x_{iHC}^* = \frac{3\mu}{4\lambda_{HC}}, \quad i = s,\ b \qquad (6.14)$$

其中，$\lambda_{HC} = b\gamma - 3$，由于 $x_{iHC}^* > 0$，因此，$b\gamma - 3 > 0$。

将均衡时的上、下游企业最优创新成果 x_{sHC}^* 和 x_{bHC}^* 代入（6.1）式、（6.2）式和（6.12）式以及消费者剩余和社会福利函数可得均衡时的产量 Q_{HC}^*，企业利润 π_{iHC}^*（$i = s$，b），消费者剩余 CS_{HC}^* 和社会福利 SW_{HC}^* 分别为：

$$Q_{HC}^* = \frac{\mu\gamma}{4\lambda_{HC}} \qquad (6.15)$$

$$\pi_{sHC}^* = \frac{\mu^2\gamma\,(4b\gamma - 9)}{32\lambda_{HC}^2} \qquad (6.16)$$

$$\pi_{bHC}^* = \frac{\mu^2\gamma\,(8b\gamma - 9)}{32\lambda_{HC}^2} \qquad (6.17)$$

$$CS_{HC}^* = \frac{b\mu^2\gamma^2}{32\lambda_{HC}^2} \tag{6.18}$$

$$SW_{HC}^* = \frac{\mu^2\gamma\ (7b\gamma-18)}{32\lambda_{HC}^2} \tag{6.19}$$

（3）完全合作

在完全合作模式下，两个企业在产量和创新上均合作。在第二阶段，首先由上、下游企业共同选择最终产品产量 Q 最大化双方总利润，求解 $\dfrac{\partial\ (\pi_{sHC}+\pi_{bHC})}{\partial\ Q}=0$ 可得双方总利润最大时的产量 Q_{TC}^*：

$$Q_{TC}^* = \frac{\mu + \sum\limits_{i=s,b} x_i\theta_i}{2b} \tag{6.20}$$

在第一阶段，上、下游企业共同决定企业的创新成果 x_i 和内生溢出水平 r_i（$i=s$, b）以最大化双方总利润。由 $\dfrac{\partial\ (\pi_{sTC}+\pi_{bTC})}{\partial\ r_s} = \dfrac{x_s\ (\mu+\sum\limits_{i=s,b} x_i\theta_i)}{2b} > 0$, $\dfrac{\partial\ (\pi_{sTC}+\pi_{bTC})}{\partial\ r_b} = \dfrac{x_b\ (\mu+\sum\limits_{i=s,b} x_i\theta_i)}{2b} > 0$，可知双方总利润为内生溢出水平 r_i 的严格单调递增函数，即 $r_i=1-e_i$ 时双方总利润最大。

接下来，合作双方还需要共同决定企业的创新成果 x_i（$i=s$, b）以使双方总利润最大化。求解 $\dfrac{\partial\ (\pi_{sTC}+\pi_{bTC})}{\partial\ x_i}=0$（$i=s$, b），可得均衡时的上、下游企业最优创新成果 x_{sTC}^* 和 x_{bTC}^* 分别为：

$$x_{iTC}^* = \frac{\mu}{\lambda_{TC}}, \quad i=s,\ b \tag{6.21}$$

其中，$\lambda_{TC}=b\gamma-4$，由于 $x_{iTC}^*>0$，因此，$b\gamma-4>0$。

将均衡时的上、下游企业最优创新成果 x_{sTC}^* 和 x_{bTC}^* 代入

（6.1）式、（6.2）式和（6.20）式以及消费者剩余和社会福利
函数可得均衡时的产量 Q_{TC}^*，企业利润总利润 $\pi_{sTC}^* + \pi_{bTC}^*$，消费者
剩余 CS_{TC}^* 和社会福利 SW_{TC}^* 分别为：

$$Q_{TC}^* = \frac{\mu y}{2\lambda_{TC}} \tag{6.22}$$

$$\pi_{sTC}^* + \pi_{bTC}^* = \frac{\mu^2 \gamma}{4\lambda_{TC}} \tag{6.23}$$

$$CS_{TC}^* = \frac{b\mu^2 \gamma^2}{8\lambda_{TC}^2} \tag{6.22}$$

$$SW_{TC}^* = \frac{\mu^2 \gamma (3b\gamma - 8)}{8\lambda_{TC}^2} \tag{6.23}$$

6.3.2 合作模式对均衡解的影响

对比不合作、半合作以及完全合作三种合作模式下的均衡
解，可以得出以下命题。

命题 6.1：均衡时的内生溢出水平均为 $r_i = 1 - e_i$（$i = s$，b），
即供应链上、下游企业均采用完全溢出策略（$\beta_i = 1$）。

证明：由以上求解过程可知，单个企业的利润或上、下游
企业的总利润均在内生溢出水平 $r_i = 1 - e_i$（$i = s$，b）时达到最
大，因此供应链上、下游企业均会选择内生溢出水平 $r_i = 1 - e_i$，
即供应链上、下游企业均采用完全溢出策略（$\beta_i = 1$）。命题 6.1
证毕。

命题 6.1 表明，由于溢出效应的存在，供应链上其他企业
的研发成果能为企业所利用，降低企业的单位产品生产成本，
且上、下游企业间不存在产品市场上的竞争关系，而是一种供
求关系，当上游企业单位产品生产成本下降，中间产品的价格
也会下降，则下游企业的产品成本也会跟着下降，因此，下游
企业向上游企业进行创新溢出有利于提高自身利润，故下游企

业会采用完全溢出策略；同理，当下游企业单位产品生产成本下降，最终产品的价格也会下降，最终产品需求就会增加，中间产品的需求和上游企业的利润也会随之增加，因此，上游企业向下游企业进行创新溢出也有利于提高其自身利润，故上游企业也会采用完全溢出策略。

命题6.2：均衡时的企业 i（i=s，b）的创新投入 I_i^* 和成果 x_i^*、企业利润 π_i^*、最终产品产量 Q^*、消费者剩余 CS^* 以及社会福利 SW^* 均在完全合作模式下最大，半合作模式次之，不合作模式最小，即 $I_{iTC}^* > I_{iHC}^* > I_{iNC}^*$，$x_{iTC}^* > x_{iHC}^* > x_{iNC}^*$，$Q_{TC}^* > Q_{HC}^* > Q_{NC}^*$，$\pi_{iTC}^* > \pi_{iHC}^* > \pi_{iNC}^*$，$CS_{TC}^* > CS_{HC}^* > CS_{NC}^*$，$SW_{TC}^* > SW_{HC}^* > SW_{NC}^*$，i=s，b。

证明：①将完全合作模式下的企业最优创新成果与半合作模式的企业最优创新成果相减可得：$x_{iTC}^* - x_{iHC}^* = \dfrac{\mu b \gamma}{4\lambda_{HC}\lambda_{TC}} > 0$，i=s，b。将半合作模式下的企业最优创新成果与不合作模式的企业最优创新成果相减可得：$x_{sHC}^* - x_{sNC}^* = \dfrac{\mu\ (2b\gamma+3)}{4\lambda_{HC}\lambda_{NC}} > 0$，$x_{bHC}^* - x_{bNC}^* = \dfrac{2\mu b\gamma}{4\lambda_{HC}\lambda_{NC}} + \dfrac{1}{4\lambda_{HC}} > 0$。因此，$x_{iTC}^* > x_{iHC}^* > x_{iNC}^*$，即企业创新成果在完全合作模式下最大，半合作模式次之，不合作模式最小。

由于 $I_i = \gamma\dfrac{x_i^2}{2}$，$x_{iTC}^* > x_{iHC}^* > x_{iNC}^*$，因此，$I_{iTC}^* > I_{iHC}^* > I_{iNC}^*$，即，企业创新投入在完全合作模式下最大，半合作模式次之，不合作模式最小。

由此可知，企业创新投入和成果均在完全合作模式下最大，半合作模式次之，不合作模式最小。

②将完全合作模式下的最终产品产量与半合作模式的最终产品产量相减可得：$Q_{TC}^* - Q_{HC}^* = \dfrac{\mu\gamma\ (\lambda_{TC}+2)}{4\lambda_{HC}\lambda_{TC}} > 0$。将半合作模式下

的最终产品产量与不合作模式的最终产品产量相减可得：Q_{HC}^{*}-

$Q_{NC}^{*}=\dfrac{3\mu\gamma}{4\lambda_{HC}\lambda_{NC}}>0$。因此，$Q_{TC}^{*}>Q_{HC}^{*}>Q_{NC}^{*}$，即最终产品产量在完全

合作模式下最大，半合作模式次之，在不合作模式下最小。

③将半合作模式下的上、下游企业利润 π_{iHC}^{*}（i＝s，b）与不合作模式下的上、下游企业利润 π_{iNC}^{*} 相减可得：

$\pi_{bHC}^{*}-\pi_{bNC}^{*}=\dfrac{\mu^{2}\gamma\left[8b\gamma+(2\lambda_{HC}+1)(4\lambda_{HC}+3)\right]}{32\lambda_{HC}^{2}\lambda_{NC}^{2}}>0$，

$\pi_{sHC}^{*}-\pi_{sNC}^{*}=\dfrac{\mu^{2}\gamma\left[20b\gamma+(7\lambda_{NC}+12)(7\lambda_{TC}+1)\right]}{32\lambda_{HC}^{2}\lambda_{NC}^{2}}>0$。因此，$\pi_{iHC}^{*}$

$>\pi_{iNC}^{*}$，i＝s，b，即半合作模式下的上、下游企业利润均大于不合作模式下的上、下游企业利润。

将完全合作模式下的上、下游企业总利润 $\sum\limits_{i=s,b}\pi_{iTC}^{*}$ 与半合作模式下的上、下游企业总利润 $\sum\limits_{i=s,b}\pi_{iHC}^{*}$ 相减可得：$\sum\limits_{i=s,b}\pi_{iTC}^{*}-\sum\limits_{i=s,b}\pi_{iHC}^{*}$

$=\dfrac{b\mu^{2}\gamma^{2}}{16\lambda_{HC}\lambda_{TC}}>0$。因此，$\sum\limits_{i=s,b}\pi_{iTC}^{*}>\sum\limits_{i=s,b}\pi_{iHC}^{*}$，即完全合作模式下的企业总利润大于半合作模式下的企业总利润。

此外，要使供应链上、下游企业放弃半合作模式，选择完全合作模式，则必须使双方都能从增加的总利润中获取一部分收益，否则，必然会有一方更愿意选择半合作模式，供应链上、下游企业就无法进行完全合作。由此可知，$\pi_{iTC}^{*}>\pi_{iHC}^{*}$，i＝s，b，即完全合作模式下的上、下游企业利润均大于半合作模式下的上、下游企业利润。

由此可得，均衡时的上、下游企业利润在完全合作模式下最大，半合作模式次之，不合作模式最小。

④由于 $CS=\dfrac{bQ^{2}}{2}$，且由以上分析可知 $Q_{TC}^{*}>Q_{HC}^{*}>Q_{NC}^{*}$，因此，$CS_{TC}^{*}>CS_{HC}^{*}>CS_{NC}^{*}$，即均衡时的消费者剩余在完全合作模式下最

大，半合作模式次之，不合作模式最小。

⑤$SW = \pi_s + \pi_b + CS$，且由以上分析可知 $\pi_{iTC}^* > \pi_{iHC}^* > \pi_{iNC}^*$，$i = s$，$b$，以及 $CS_{TC}^* > CS_{HC}^* > CS_{NC}^*$，因此，$SW_{TC}^* > SW_{HC}^* > SW_{NC}^*$，即均衡时的社会福利在完全合作模式下最大，半合作模式次之，不合作模式最小。

由此可得，均衡时的企业 i（i = s，b）的创新投入 I_i^* 和成果 x_i^*、企业利润 π_i^*、最终产品产量 Q^*、消费者剩余 CS^* 以及社会福利 SW^* 均在完全合作模式下最大，半合作模式次之，不合作模式最小。命题6.2证毕。

命题6.2表明，无论是创新投入上的合作，还是产量上的合作都有利于提高上、下游企业的创新投入和成果、最终产品的产量、企业利润、消费者剩余和社会福利，因此，供应链上、下游企业应加强创新投入及产量上的合作。

但是，正如命题6.2的证明过程所指出，在完全合作模式下，双方是以合作总利润最大化为目标制定创新及生产策略，且上游企业的中间产品销售收入与下游企业的零部件成本相等，在制定过程中将这两部分相互抵消，因而完全合作模式下的创新及生产策略中，只制定了最优产量和创新投入水平，没有制定出最优的中间产品转移价格。而中间产品转移价格的大小直接影响了上、下游企业的利润分配，若价格制定不合理，将导致完全合作模式无法顺利实施。接下来，本章将研究供应链上、下游企业如何制定中间产品转移价格、合理分配合作总利润、促进创新及生产的完全合作。

6.3.3　利润分配机制

由以上分析可知，在完全合作模式下，供应链上、下游企业以最大化双方总利润为目的来确定产量和创新成果，虽然总利润实现了最大化，但如果不能设计出一种机制来确定中间产品转移价格，以保证每个企业都能从增加的总利润中获取一部分利益，则无法实现完全合作。这不仅会降低企业利润，还将减少消费者剩余和社会福利。

利润分配机制在理论上有很多种，最简单就是供应链上、下游企业通过讨价还价来设定某一固定比例，双方按此比例分配总利润增加额。在这种方式中，分配比例的确定取决于双方的谈判能力，不同讨价还价能力下的中间产品转移价格及企业利润如命题6.3所示。

命题6.3：当上游企业在合作创新中处于领导地位时，中间产品转移价格为 $w^* = \dfrac{1}{16}\left[2\left(3\mu+8C_{s0}\right) - \dfrac{16\mu}{\lambda_{TC}} - \dfrac{3\mu}{\lambda_{HC}^2} + \dfrac{5\mu}{\lambda_{HC}}\right]$，上、下游企业利润分别为 $\pi_{sTC}^* = \dfrac{\mu^2\gamma\left(3\lambda_{NC}\lambda_{TC}+2b\gamma\right)}{32\lambda_{HC}^2\lambda_{TC}}$，$\pi_{bTC}^* = \dfrac{\mu^2\gamma\left(8b\gamma-9\right)}{32\lambda_{HC}^2}$；当下游企业在合作创新中处于领导地位时，中间产品转移价格为 $w^* = \dfrac{1}{16}\left[4\left(\mu+4C_{s0}\right) - \dfrac{16\mu}{\lambda_{TC}} - \dfrac{3\mu}{\lambda_{HC}^2} - \dfrac{\mu}{\lambda_{HC}}\right]$，上、下游企业利润分别为 $\pi_{sTC}^* = \dfrac{\mu^2\gamma\left(4b\gamma-9\right)}{32\lambda_{HC}^2}$，$\pi_{bTC}^* = \dfrac{\mu^2\gamma\left(4\lambda_{HC}^2+b\gamma\right)}{32\lambda_{HC}^2}$。

证明：当上游企业讨价还价能力很强，在合作中创新处于领导地位时，作为"完全理性人"的上游企业必定会按如下标准设定中间产品转移价格 w，即下游企业参与完全合作的利润 π_{bTC}^* 刚好等于其保留利润（即半合作模式下的利润 π_{bHC}^*）。这样，下游企业愿意参与完全合作，而上游企业又能获得完全合作所增加的全部利润。求解 $\pi_{bTC}^* = \pi_{bHC}^*$ 可得 $w^* = \dfrac{1}{16}\left[2\left(3\mu+\right.\right.$

$8C_{s0})-\dfrac{16\mu}{\lambda_{TC}}-\dfrac{3\mu}{\lambda_{HC}^2}+\dfrac{5\mu}{\lambda_{HC}}]$。在该中间产品转移价格下，企业的利润

分别为：$\pi_{sTC}^*=\dfrac{\mu^2\gamma\ (3\lambda_{NC}\lambda_{TC}+2b\gamma)}{32\lambda_{HC}^2\lambda_{TC}}$，$\pi_{bTC}^*=\pi_{bHC}^*=\dfrac{\mu^2\gamma\ (8b\gamma-9)}{32\lambda_{HC}^2}$。

同理，当下游企业讨价还价能力很强，在合作中创新处于领导地位时，作为"完全理性人"的下游企业必定会按如下标准设定中间产品转移价格 w，即，上游企业参完全合作的利润 π_{sTC}^* 刚好等于其保留利润（即半合作模式下的利润 π_{sHC}^*）。这样，上游企业愿意参与完全合作，而下游企业又能获得完全合作所增加的全部利润。求解 $\pi_{sTC}^*=\pi_{sHC}^*$ 可得 $w^*=\dfrac{1}{16}[4\ (\mu+4C_{s0})-$

$\dfrac{16\mu}{\lambda_{TC}}-\dfrac{3\mu}{\lambda_{HC}^2}-\dfrac{\mu}{\lambda_{HC}}]$。在该中间产品转移价格下，企业的利润分别为：

$\pi_{sTC}^*=\pi_{sHC}^*=\dfrac{\mu^2\gamma\ (4b\gamma-9)}{32\lambda_{HC}^2}$，$\pi_{bTC}^*=\dfrac{\mu^2\gamma\ (4\lambda_{HC}^2+b\gamma)}{32\lambda_{HC}^2}$。

由此可知，当上游企业在合作创新中处于领导地位时，中

间产品转移价格为 $w^*=\dfrac{1}{16}[2\ (3\mu+8C_{s0})-\dfrac{16\mu}{\lambda_{TC}}-\dfrac{3\mu}{\lambda_{HC}^2}+\dfrac{5\mu}{\lambda_{HC}}]$，

上、下游企业利润分别为 $\pi_{sTC}^*=\dfrac{\mu^2\gamma\ (3\lambda_{NC}\lambda_{TC}+2b\gamma)}{32\lambda_{HC}^2\lambda_{TC}}$，$\pi_{bTC}^*=$

$\dfrac{\mu^2\gamma\ (8b\gamma-9)}{32\lambda_{HC}^2}$；当下游企业在合作创新中处于领导地位时，中

间产品转移价格为 $w^*=\dfrac{1}{16}[4\ (\mu+4C_{s0})-\dfrac{16\mu}{\lambda_{TC}}-\dfrac{3\mu}{\lambda_{HC}^2}-\dfrac{\mu}{\lambda_{HC}}]$，上、

下游企业获得的利润分别为 $\pi_{sTC}^*=\dfrac{\mu^2\gamma\ (4b\gamma-9)}{32\lambda_{HC}^2}$，

$\pi_{bTC}^*=\dfrac{\mu^2\gamma\ (4\lambda_{HC}^2+b\gamma)}{32\lambda_{HC}^2}$。命题6.3证毕。

命题 6.3 表明，在上、下游企业讨价还价能力不同的情况下，中间产品转移价格 w 的制定以及上、下游企业的利润分配结果截然不同。在上游企业讨价还价能力很强，在完全合作中处于领导者地位时，上游企业将通过中间产品转移价格 w 的制定获取全部的合作所增加利润；反之，在下游企业讨价还价能力很强，在完全合作中处于领导者地位时，下游企业将通过中间产品转移价格 w 的制定获取全部的合作所增加利润。但事实上，这种分配机制很有可能导致讨价还价能力弱，在完全合作中处于跟随者地位一方的不满，在合作中采取机会主义行为，影响完全合作的成功。

笔者认为一种合理的分配机制应该是获益与付出成正比。因此，建议采用投入比例分配法，即将总利润增值部分按各企业创新投入占创新总投入的比例分配给企业。

命题 6.4：在投入比例分配法中，中间产品转移价格为

$$w^* = \frac{1}{16}\left[5\mu + 16C_{s0} - \frac{16\mu}{\lambda_{TC}} - \frac{3\mu}{\lambda_{HC}^2} + \frac{2\mu}{\lambda_{HC}}\right]，$$ 上、下游企业利润分别为

$$\pi_{sTC}^* = \frac{\mu^2\gamma\left[(5\lambda_{HC}+6)\lambda_{TC}+b\gamma\right]}{32\lambda_{HC}^2\lambda_{TC}}，\quad \pi_{bTC}^* = \frac{\mu^2\gamma\left[3\lambda_{HC}\lambda_{TC}+b\gamma\right]}{32\lambda_{HC}^2\lambda_{TC}}。$$

证明：由（6.21）式可知，在完全合作模式下，上、下游企业的创新成果均为 $\frac{\mu}{\lambda_{TC}}$，因此，上、下游企业的创新投入均为 $\frac{\mu^2}{\lambda_{TC}^2}$，则，利润增值的分配比例应为 $\delta_i = \frac{1}{2}$，$i = s$，b。

由（6.16）式、（6.17）式和（6.23）式可得：$\Delta\pi^* = \sum\limits_{i=s,b}\pi_{iTC}^* - \sum\limits_{i=s,b}\pi_{iHC}^* = \frac{b\mu^2\gamma^2}{16\lambda_{TC}\lambda_{HC}}$，由完全合作模式下的上游企业利润

$$\pi_{sTC}^* = \frac{\mu\gamma\left[b\gamma(w-C_{s0})+\mu+4C_{s0}-4w\right]}{2\lambda_{TC}^2}，$$ 以及半合作模式下的上

游企业利润 $\pi_{sHC}^* = \dfrac{\mu^2\gamma\,(4b\gamma-9)}{32\lambda_{HC}^2}$ 和利润增量分配额

$\dfrac{\Delta\pi^*}{2} = \dfrac{b\mu^2\gamma^2}{32\lambda_{TC}\lambda_{HC}}$，求解 $\pi_{sTC}^* = \pi_{sHC}^* + \dfrac{\Delta\pi^*}{2}$ 可得中间产品转移价格为

$w^* = \dfrac{1}{16}\left[5\mu + 16C_{s0} - \dfrac{16\mu}{\lambda_{TC}} - \dfrac{3\mu}{\lambda_{HC}^2} + \dfrac{2\mu}{\lambda_{HC}}\right]$，上、下游企业的利润分别

为 $\pi_{sTC}^* = \dfrac{\mu^2\gamma\left[\,(5\lambda_{HC}+6)\,\lambda_{TC}+b\gamma\right]}{32\lambda_{HC}^2\lambda_{TC}}$，$\pi_{bTC}^* = \dfrac{\mu^2\gamma\left[3\lambda_{HC}\lambda_{TC}+b\gamma\right]}{32\lambda_{HC}^2\lambda_{TC}}$。

命题 6.4 证毕。

命题 6.4 表明，在投入比例分配法中，供应链上、下游企业按其创新投入的比例分配了利益增量，双方都在半合作模式的利润上增加了 $\dfrac{\Delta\pi^*}{2} = \dfrac{b\mu^2\gamma^2}{16\lambda_{TC}\lambda_{HC}}$，这样更有利于提高双方进行完全合作的积极性。

6.4 本章小结

在合作创新的实际运作中，供应链上、下游企业可以通过溢出水平的控制来影响合作伙伴的创新投入及生产策略。本章考虑供应链合作创新存在混合溢出（既有外生溢出，同时还存在内生溢出），建立了基于混合溢出的供应链纵向合作创新博弈模型，研究了供应链上、下游企业在不合作、半合作以及完全合作等合作创新模式下的创新投入及生产策略，并为促进供应链完全合作提出了两种利润分配机制（固定比例分配和按投入比例分配），以及不同机制下的中间产品转移价格和双方利润。研究表明：

①由于增加溢出效应有利于降低合作伙伴的成本，从而提

高自身的利润，因此，供应链上、下游企业无论采用不合作、半合作还是完全合作方式，均应选择最大的内生溢出水平，即，采取完全溢出策略。

②供应链上、下游企业的创新投入和成果、产品产量、企业利润、消费者剩余和社会福利均在完全合作模式下最大，在不合作模式下最小，即完全合作模式对于企业、消费者乃至整个社会而言都是一种最优的合作模式。因此，供应链上、下游企业应尽可能选择完全合作的方式进行创新和生产合作，并在合作中选择最大的内生溢出水平，促进合作伙伴投入更多创新资源和提高溢出水平，以提高企业利润、消费者剩余和社会福利。

③在完全合作模式下，由于供应链上、下游企业是根据最大化双方总利润为目的来确定产量和创新成果，虽然实现了双方总利润的最大化，但如果不能设计出一种合适利润分配机制来制定中间产品转移价格，保证双方都能从增加的总利润中获取一部分利益，则可能会使得完全合作无法顺利实施。虽然双方可以通过讨价还价来设定分配比例，但这种方式的结果取决于双方讨价还价能力的大小，很可能导致谈判能力弱的一方对谈判结果感到不满，不利于完全合作的实施。而按创新投入比例分配利润增量则可有效避免该情况的出现，提高双方进行完全合作的积极性。

7 搅局的联科发

2009 年,一则新闻把中国手机推到了舆论的风口浪尖。让全世界认识到中国手机制造业的强大,更学会了"山寨"一词。

《北京青年报》报道:印度警方称中国山寨手机影响反恐。据报道,2009 年 12 月 3 日印度手机协会报案称,一些人正在销售没有 IMEI 码的假冒和不合标准的手机,印度警方对此予以立案,并于 2009 年 12 月 3 日出动 100 多名警员进行搜查。新德里警局罪案组副组长塔库尔表示,他们在搜查中逮捕了 23 名山寨手机销售者,查获了 3500 部没有 IMEI 码的山寨手机,同时还查获了一个专门用于在移动工具上安装伪造 IMEI 码的蜘蛛人软件盒。这些手机大部分来自中国。

警方称,在执法和国家安全上,IMEI 码起到重要作用。追溯 2008 年 11 月底孟买发生的恐怖袭击,恐怖分子使用的就是从黑市购买的未注册手机,他们使用这些无 IMEI 码手机保持联络,并通过 GPS 定位攻击地点,共造成 173 人死亡、308 人受伤,这次袭击持续了 3 天,警方一直无法通过 IMEI 追踪到恐怖分子的位置。

菜刀可以做美食,也可以伤人。菜刀本身并没有责任,关键是用菜刀的人。印度警方以中国山寨手机影响反恐为借口,其实只是当时全球大范围封堵中国山寨手机的一个缩影。2009 年 月 6 日,西班牙首都马德里市的警方会同市政府消费部门,针对市区华人商店集中区域进行"扫荡"。在行动中，警方搜查了大量手机和电脑商店及仓库，总共有 8 人遭到警方逮捕，其中 1 人为巴西人，另外 7 人则是华人，其中 1 人还拥有英国国籍。

新加坡也开始打击中国山寨手机。2009 年 12 月 2 日，新加坡警方搜查当地的电子商场森林广场的 12 家电器零售店，警方在行动中起获市价 32 万新元（约合人民币 158 万元）的盗版电器商品和山寨机，逮捕了年龄介于 21 岁到 53 岁的 10 男 5 女共 15 名犯罪嫌疑人。警方表示，这些知名品牌的仿冒手机主要来自海外。另据韩国《朝鲜日报》2009 年 11 月 10 日报道，中国山寨手机出口激增已经令韩国手机制造商高度紧张，LG 电子公司就找出销售山寨产品的各国网站并采取了法律措施。

国际社会对山寨手机的围堵，不仅仅是对山寨手机的担心，更重要的是折射出其对中国手机产业崛起的担心。

冰冻三尺，非一日之寒。中国手机产业的崛起，并非凭空出现，也并非一两年的事。整个产业的蓬勃发展，源于 2003 年联科发（MKT）开发的基带芯片量产出货。某种意义上讲，没有联科发研究开发出来的基带芯片，就没有几年后中国手机产业的繁荣。

联科发是何方神圣呢？谈到联科发，首行我们得从手机终端设备说起。一般而论，手机由射频部分、基带部分、电源管理、外设和软件部分组成部分。

其中的基带芯片极为重要，基带芯片是整个手机的核心部分。如果说手机好比电脑，则基带芯片好比是电脑的主机，其他都是外设。基带芯片是用来合成即将发射的基带信号，或对接收到的基带信号进行解码，即在发射信号时，把音频信号编译成用来发射的基带码；接收信号时，把收到的基带码解译为音频信号。同时，也负责地址信息（手机号、网站地址）、文字信息（短讯文字、网站文字）、图片信息的编译。

早期，由于基带芯片由少数几个国际大厂商把持，中国的手机厂商最多只是代工。但手机市场发展的良好前景，引起了联科发的关注。

7.1 联科发的崛起

1999 年年底，联科发董事长蔡明介，找到了在美国 Rockwell 公司从事手机基带芯片开发的徐至强。经过三顾茅庐的诚挚邀请，徐至强加盟到了联科发。

徐至强加盟联科发后，首先是扭转联科发硬件重于软件的思维。这个时期的手机功能已经变得更复杂。为了能在市场上竞争，手机要有照相、音乐、档案储存管理、无线连接，甚至 GPS 功能，每种功能背后都是一连串复杂的技术。当时，最新的手机里至少要有一百六十八种功能，研发者必须在一百六十八种功能中平衡，必须有独到之处，才能设计出最好的手机。在光碟机时代，联科发的软件与硬件工程师比例是一比三；2002 年，徐至强带领手机团队时，比例一百八十度逆转，变成二比一，2007 年，这个比例上升到了五比一。以手机省电为例，这不是硬件问题，全靠软件。徐至强在联科发改革的最重要一步，就是转换思维和观念。

其次，徐至强为手机研发制定了一个非常严谨的流程，因为软件才是竞争力的核心，联科发不像其他 IC 设计公司，只是埋头苦干于发展更新的芯片产品，他们利用软件设计，来提升手机附加值，将客户开发手机所需要的一切困难工作，一步到位的完成。

联科发提倡"Turnkey Solution"精神，讲求一站式服务，从天线技术、Windows Mobile 技术、系统模拟、工具开发，联科发团队一一完成。最特别的是，连手机厂调校手机的软件都帮客户设计好，这已经是非常下游的工作，一般 IC 公司绝不可能投资在此。

2002 年，联科发手机工程师第一次带着手机出门测试，他们拿着诺基亚和爱立信这两家在当时全球移动通信领域最强的大厂手机做比较，测试手机在高速运行环境下的掉话状况，随着磁浮列车逐渐加速，最后诺基亚和爱立信的手机都中断了通话，却只有联科发的手机始终保持畅通。

联科发开发出成熟的手机基带芯片，把需要几十人一年多才能完成的手机主板、软件集成到一起，研制出了廉价的 MTK 手机基带芯片，一下让下游手机厂商的生产没有了核心技术的限制壁垒。通俗的说，MTK 就是把手机的主板和软件集成到了一起，只要加个外壳和电池，谁都能用这套半系统生产出一部手机，就像去市场买一台兼容机一样，CPU、内存、硬盘、显卡都给配好，只要用螺丝把它们拧紧，客户唯一能选的硬件是机箱。这套芯片的功能集成了摄像头、MP3、MP4、支持储存卡、触摸屏、JAVA、蓝牙，不可谓不齐全。

而且，这套系统非常便宜，几百人民币就可以搞定。更重要的是，由于量产极高，所以这套系统相当稳定，质量非常好。技术上的障碍破除后，小手机厂商也就和国际上大的手机生产商具备了几乎同样的技术竞争力，并且山寨机的技术开发成本更低，周期更短，产品更具特色。

从这时起，意味着联科发终于可以同国际巨头在基带芯片市场上一较长短了。

在此背景下，从 2003 年年底起，联科发开始批量生产出货。当时没有国产手机制造商理会这家新兴的手机基带芯片厂商。因此联科发在台湾成立了一家手机设计合资公司达智，从事 ODM（Original Design Manufacturer，原始设计制造商）业务，以证明自己。由于芯片的质量和功耗不错，软件完整，采用MTK 的方案，最多是 2~6 个月，通常是 3~5 个月就能出一款手机。一套这样的系统极便宜，在深圳只卖 300~400 元，由此，MTK 成为山寨手机基带芯片之王。

2005 年，联科发向中国品牌手机企业推广，随后 MTK 方案开始大量进入了中国品牌手机制造商。

2006 年，联科发已经占据中国手机基带芯片市场的 40%以上，被波导、TCL、联想、康佳、龙旗、希姆通和天宇等中国主要手机设计公司和制造商采用。联科发 2006 年第二季度的净利润率为 41%。

2007 年，营业收入达新台币 804.09 亿元，较 2006 年增51%。手机晶片出货量高达 1.5 亿颗，全球市场占有率近 14%，仅次于德州仪器及高通。2007 年 TV 晶片产品线市占率，已仅次于泰鼎微电子（Trident）的 21%，而达 17%。

联科发手机基带芯片的供货量，在八年内，由从零发展到了 3 亿颗的高峰。联科发手机芯片事业部的市值，在三年内从零增加到新台币 2 000 亿元。

7.2 联科发成功的秘密

在风云变幻的 2G 时代，联科发作为台资企业里面为数不多的手机基带芯片商，它的成功值得研究和学习。经过深入研究，我们发现，联科发的成功关键在于：

一是清晰精准的拐点介入战略。

没有战略方向的企业，就好像商船没有方向，虽然八面受风，但永远到不了目的地。联科发的成功，很重要的一点就在于其清晰的战略定位。

20世纪90年代，台湾IC设计（集成电路设计）产业的主流应该是基于PC的代工商业模式。传统的半导体公司是整合设计制造商，例如英特尔从设计芯片到制造芯片一条龙生产。而半导体产业也能够进行垂直分工，设计专门负责设计，制造的专门负责制造，晶圆代工模式是由IC设计公司负责设计芯片，根据电路图交由台积电在晶圆上制造出芯片，由IC设计公司负责销售，自负盈亏，台积电收代工费用，由IC设计公司承担所有风险。由于一个晶圆厂耗资10亿~15亿美元，对IC设计公司而言，有代工厂负责投资和制造，不必投资耗资巨大的晶圆厂，再加上台积电专门注重制程研发，发展自有技术，专利无数，使得芯片的优良率达95%以上，和一般一条龙生产的半导体公司八成的优良率相比，成本降低许多。台积电因此大规模为其他国际知名PC商代工生产晶圆，从而形成台湾IT产业的代工模式。

经过20年的发展，以台积电为代表的一批台湾IT企业，形成的代工模式独树一帜，台积电也逐渐形成其在产业链中的领导地位。

联科发高层分析，如果联科发再继续跟进台积电，在PC领域的IC上追加研发投入，最终也只能当配角，长足发展的机会不大。要想大发展，就必须抓住新的市场机会，找到自己的利基。

那么战略发展方向究竟在哪里呢？

在制定的战略方向时，联科发高层认为选择的新产业，必须是在这个产业尚未完全成熟的时候，找准恰当的切入点。之所以形成这样的战略思维，是因为联科发在之前做CD、DVD的芯片时，进入这两个市场都遵循了相应的产品曲线：在这两类产品的市场普及率达到爆发临界点的时候，快速、全力进入。

这时候，一个新的市场机会出现了。当时，Dataquest（迪迅）公司全球手机市场分析报告显示：1998年全球手机销量比上一年增加了51%，达到1.63亿部。1999年全球手机销量比上一年剧增了65%，达到2.83亿部。该公司预测，2000年全球手机的销售量将突破4亿部大关，比1999年增长40%以上。这完全符合联科发选择产业的标准，联科发把手机产业视作又一个市场普及率到爆发拐点的产业，准备全力以赴投入到其中。

二是聚集低价手机细分市场。

面对即将进入的手机市场，联科发必须判断投入到哪个手机的细分市场。

2000年的时候，在欧洲GSM标准下，已经有了相对成熟的3G手机市场，这个时候联科发就要抉择：是跟随产业潮流走3G路线，还是在传统的2G标准下生存？也就是说，联科发要判断3G的市场普及率是否达到了临界点。

战略分析绝不是纸上谈兵，首要的是取得第一手的客户需求信息，掌握竞争者与市场的动态，检验客观数据以获得信息并形成假设。3G当时很时髦，从纯商业的角度看，这也没错，但联科发有两个软肋：一是台湾的3G技术刚起步，与欧洲还有很大差距；二是3G市场基本集中在欧洲，而这种技术要从欧洲普及到新兴市场，按照以往的产业转移速度，至少需要5~10年时间，联科发等不起。这都是根据客观数据得出的判断。

这时联科发就得出了一个结论：围绕2G做产品可能更有前途。当时的2G产品基本集中在中国、印度这些非主流市场，对于联科发来说，拿自己的新产品在非主流市场做实验有一个好处：成本很低而且没有什么风险，如果不行，再推倒重来也来得及。

实际上，2G时代的手机市场，国际大厂商更重视高端手机市场，而忽视了广大的低端市场需求。在20世纪90年代，对大多数中国普通消费者来说，上千元、甚至几千元的手机是一笔很大的开销，但消费者对手机的潜在需求甚大，特别是中国这样一个人口庞大的国家。谁能抓住这个庞大的细分市场，谁就会成功。当进入 2000 年以后，特别是随着 2001 年中国加入世贸组织，中国的商品出口量年年增长，中国经济规模也出现大幅增长，消费者的收入也在大幅增长，对低价手机的潜在需求，开始转化成了对千元机的大规模需求。而联科发率先介入这个低价手机市场的上游芯片研发，基本是上一个空白市场等着它来收获。

三是强化对芯片软件的研发和集成。

在联科发进入手机产业之前，这个行业的商业模式与 PC 产业很类似，有厂商做硬件，有厂商做软件，还有厂商做 IC 设计，最后由品牌厂商整合各种资源。

联科发一开始觉得在基带芯片上发展的空间很大。首先内置了 MP3 功能，还与一些软件公司合作，整合他们的技术。后来一家与联科发合作的德国公司突然被别人收购走了，联科发的生产线一下子就被卡住了，不得不自己来做软件。

而正是这个打击，让联科发看到了一个崭新的商业模式：在芯片开发上自己进行底层软件布局，也就是其 "Turnkey Solution"（一站式解决方案）。这个行业的游戏规则随即完全被改变了：之前一款手机的设计、研发、生产可能需要 9~10 个月，现在被大大缩短，通常也就 3~5 个月。"Turnkey solution" 正是联科发手机平台的核心，在这套解决方案中，将手机芯片和手机软件平台预先整合到一起。这种方案可以使终端厂商节约成本，加速产品上市周期。联科发公司的产品，因为集成较多的多媒体功能和较低的价格，所以在大陆手机公司和手机设计公司得到广泛的应用。加上联科发的完工率较高，基本上在 60% 以上，这样手机厂商拿到手机平台基本上就是一个半成品，只要稍稍的加工就可上架出货了。从 2004 年大规模芯片销售给达智手机开始，仅仅三年时间，联科发占领了中国大陆 90%以上的手机芯片市场。到 2007 年，联科发年手机芯片销售量高达 1.5 亿颗，全球市场占有率近 14%，仅次于德州仪器及高通。

四是主导形成手机上下游供应链研发联盟，形成合作创新的格局。

专注芯片的上游研发，与众多下游厂商形成产业链的研发分工的态势。

在联科发的"Turnkey Solution"解决方案推出之前，手机这个行业的门槛还是比较高的，通常是大企业开发和生产的。而联科发的出现，尤其是"Turnkey Solution"解决方案出现，彻底释放了中小型制造企业的活力，特别是以深圳为代表的所谓小型企业，可以在基带芯片的基础上，进行新的外观和功能的设计，其新颖、独特的设计和低廉的价格，一经问世，就受到了广大消费者的青睐，使深圳手机产业迅速发展起来，深圳逐渐成为手机制造的中心。

深圳手机产业逐渐形成了以联科发为核心的中国手机产业链联盟。顶层是以联科发为代表的手机方案商，主要集中在上海；第二层是手机集成商，主要在深圳华强北；第三层级是手机模具商，主要在东莞、深圳；第四层是手机外围器件供应商，主要分布在珠三角地区；第五层是山寨手机经销商，分布全国各地。

这个时期的中国手机市场，联科发控制和主导着整个产业链的最顶层，其负责手机 MTK 芯片和核心平台的研发。众多的方案提供商们根据联科发提供的这个芯片平台，对手机的软件和各种功能进行设计和定义。在联科发倡导的"Turnkey Solution"精神下，手机开发过程变得异常简单，仅仅是抄板、整机测试和一些外形设计而已。但是他们拥有软件设计的实力，在产业链中地位仅次于联科发。

这些手机集成商们，他们是负责手机的外形设计和销售，没有技术，一般不对售后负责。它们中的一部分就是后来的山寨手机厂商。

从联科发到手机集成商之间，还有一批厂商提供主芯片外围器件，比如液晶屏、功率放大器等。山寨机产业的发展，也得益于这些厂商的推动。大量具有良好兼容性的外围器件进入市场，为山寨产业链条的形成，增加了供应链保证，使得山寨厂商容易便利的采购到物料清单（BOM）上的一切零部件，而这在以前几乎是非大厂所不能完成的，因为器件的不兼容，需要专业的知识进行匹配、选型。在这个过程中还包含了为数众多的手机模具厂商，他们负责对手机的外形进行开模设计。经过集成商的设计和包装之后，再往后就是山寨手机厂商们遍布全国的销售渠道和网络了。

7.3　品评联科发创新成长之路

在激荡的 2G 时代，联发科作为一名市场的迟到者，不仅没有被淘汰出局，反而在极短的时间里，迅速发展，成为众多手机厂商信赖的基带芯片供应商。究其原因，很大程度上来说，联科发的成长之路是一条勇往直前的创新之路，并在产业链上形成了合作创新的局面，并借产业合作创新的大势，扶摇之上，最终在芯片领域占有一席之地。

当中，联科发创新的最大特点，不是领导时代潮流的先进技术，而是主动进行拥有巨大市场潜力的适应性技术创新。联科发刚开始时并未在领导时代的 3G 技术上开展研发，而是瞄准具有广阔市场需求的 2G 市场基带芯片研发，再次说明技术创新要想真正成功，离不开市场的支持。某种意义上，最先进的技术创新未必是最好的技术创新，最适合市场的技术创新才是最好的技术创新。

联科发的成功，也是技术溢出效应的一个成功例子，虽然联科发已经决定进入手机芯片市场，但是技术从哪里来，显然技术不是从天上凭空掉下来的，联科发最具战略意义的举措，就是挖到了美国 Rockwell 公司的徐至强，徐至强本身代表了当时全球最先进的基带芯片研发水平，引入徐至强，等于是引进了全球最领先的技术，最前瞻的技术研发路径，最先进的研发理念，实质上，等于是 Rockwell 公司的技术溢出到了联科发，联科发等于是能够迅速进入到基带芯片研发中来，而不长期的技术积累和技术摸索。

联科发的成功，还充分验证了，技术创新必须要合作创新，联科发通过自己的基带芯片创新，提供"Turnkey Solution"解决方案，一站式的来保障和满足手机厂商对手机的外观、功能设计创新，增强手机厂商创新的潜能，鼓励了手机厂商创新的冲动，整合了供应链的创新能力，形成了手机技术创新的合力，最终完成了在手机市场上协同作战，成就了天语、金立等诸多手机厂商的同时，也成就了自己的芯片霸业。

8 雄霸市场的山寨手机

2009 年，意大利超级杯红牛北京赛吸引了国人的眼球。国际米兰的球员在北京秀水街扫货山寨手机，让国人的"眼镜"掉了一地。国米大牌对秀水街山寨手机情有独钟，维埃拉看中了山寨版苹果手机，最终以 100 多美元拿下了两部手机。而麦孔、卢西奥、夸雷斯马和小曼奇尼等人在一家手机店转悠了近一个小时后，4 个人总共买了 3 个价值 600 元的山寨黑莓和 4 个山寨 VERTU 系列手机。

国际米兰巨星们的扫货行动，在某种意义上，既是为山寨手机打响广告，更说明了山寨手机在当时的火爆程度。

2003 年以后，由于联科发基带芯片的大量出货，也带动了一个全新的手机细分市场。这就是红极一时的山寨手机。山寨手机是一些小的手机厂商在联科发基带芯片的基础上，模仿主流手机品牌产品的外观或功能，并加以创新，最终在外观、功能、价格等方面超越这个产品的手机。

8.1 山寨手机的春天

连国际巨星们都忙于到中国采购山寨手机，充分说明了当时山寨手机在国际的影响力。在 2003 年联科发大量出货基带芯片后，从 2004 年开始，从中国掀起了一场山寨手机的风暴。

iSuppli 的报告显示：

2005 年，中国山寨手机市场出货量为 3 700 万部。2008 年的出货量为 1.01 亿部。2009 年中国山寨手机市场出货量达到 1.45 亿部，相当于全球行货手机销售量的 13%。2009 年全球正货市场的手机销售量为 11.3 亿部，中国山寨手机销售量相当于这个总量的 12.9%。而全球正货手机销售在 2009 年下降了 8%。2009 年中国山寨手机销售较 2008 年大幅增长了 43.6%，相当于 2005 年的四倍。2010 年我国山寨手机整体出货量达 1.75 亿部，全部为非智能手机，而被国内市场"消化"的仅有 2 500 万部左右，剩下的 1.5 亿部全部出口海外。

以印度为例，2011 年，印度手机协会（ICA）称，2007 年中国出口到印度的山寨手机只不过 550 万台。尽管印度政府极力管制，比如禁用一些没有 IMEI 码的手机，但依然难阻中国山寨手机的扩张。到 2009 年，中国出口到印度的山寨手机已经达到 2 000 万台，2011 年，这个数字达到 3 800 万台。

随着山寨手机在全世界的热卖，进一步刺激了山寨手机的大本营——深圳手机产业的发展。2006 年，深圳市手机产量就超过 1 亿部，约占全球手机总产量 7.8 亿部的 13%，全国总产量的 1/3。这个数字意味着，全国每 3 部手机、全球每 8 部手机中，就有一部产自深圳。再加上深圳拥有研发、销售、物流大大小小的数千家手机配套公司，已然形成了一条以手机为中心的完整的产业链，生产手机所需要的 200 多个零部件，大约 90%都能在深圳配套，有不少配套产品列世界之最。

Nokia、MOTO、SonyEricsson、Samsung 分别在深圳富士康和伟创力代工生产。富士康为诺基亚和摩托罗拉代工手机年产超过 1 500 多万部，三星深圳基地年生产手机超过 1 000 万部，飞利浦手机深圳基地的年生产能力也超过 1 000 万部，比亚迪也正在成为国外手机巨头代工基地。深圳每年制造国外品牌手机也不少于 3 000 万部。TCL、康佳、创维、中兴、华为、金立等国产品牌超过 20 家扎堆深圳，年产手机超过 3 000 万部。相对于 2006 年全球 7.8 亿部和中国 3.4 亿部手机的年产量来说，有着近亿部手机产量的深圳占有举足轻重的地位。

山寨手机从无到有，也在一步步地成长，创新意识也越来越强。到现在，山寨精神本身就象征着就是极具创新意识，不怕丢脸，不怕低利润，把能实现的功能都实现，想方设法地满足消费者的一切需求。深圳的山寨手机产业发展大致经历了三个阶段：

第一阶段是简单模仿阶段。

2003 年到 2006 年年底，山寨手机主要被称呼为"黑手机"，2006 年，已经占据国内手机市场近 30% 的份额。可以说，这一时期的山寨手机，还停留在对热门手机机型简单的外形模仿上，只能说是类似，还不敢大张旗鼓的完全照搬。这时的山寨手机还是依靠单纯的外形设计和低廉的价格来吸引用户的注意。

第二阶段是高仿阶段。

到 2008 年年底，山寨手机在仿制热销机型方面的造诣越来越高，很多机型都能做到让业内人士难辨真假的境地，对手机稍不了解，就可能陷入消费陷阱。市面上热销机型几乎都惨遭复制，像诺基亚的 N73、N95 等最热门机型市面上甚至有多达数十款的复制机在热卖。

第三阶段是创新阶段。

2007 年 10 月 12 日，国务院宣布了第四批取消和调整的行政审批项目，决定取消国家特殊规定的移动通信系统及终端等生产项目核准，就是说任何人都可以生产手机了。于是，"黑手机"这个名词成为历史，取而代之的是颇有粤语特色的新称谓"山寨手机"，它们堂而皇之地与昔日的"正规军"们一起被摆上柜台、公开叫卖。山寨手机后期的发展更是创新不断，让人大跌眼镜。外形方面突破很大，已经跳出模仿的圈子，可以用一句话概括，"只有想不到，没有做不到"。功能方面的改进也不少，宣传方面同样是噱头不断，大屏、手写、电视等概念全都完美地融入进来。

可以说，2007年关于手机行政审批项目的取消，才真正迎来了山寨手机和整个手机产业的春天。

8.2　山寨手机成功的原因

不管世人喜不喜欢山寨手机，都不能抹杀山寨手机当时的辉煌。因为不管怎么说，山寨手机都创造了一个市场的神话，无论当时品牌厂商和外国政府怎么打压，它都像绝壁上的青松一样，见缝插针，倔强地、野蛮地生长着，一再地让世人吃惊。究其根源，山寨手机的成功有如下几个原因：

一是手机牌照制度政策松绑，释放出了创新的潜能。

熊彼特曾经说过：制度创新是创新的一项重要内容。某种意义上说，制度上的创新对人类社会发展具有更大的意义，制度创新能更好地解放和发展生产力。在手机牌照制度没有解禁之时，虽然也有山寨手机的身影，但是名不正，则言不顺，山寨手机始终处于尴尬地位，更多地被叫着"黑手机"。一听"黑手机"这个名字，普通的用户无不心存警惕，又哪里敢下单购买。作为生产"黑手机"企业，又哪里敢开足马力进行大规模生产，更谈不上在基带芯片上进行外观和功能创新了。

2007年10月12日，国务院一纸令下宣布了第四批取消和调整的行政审批项目，决定取消国家特殊规定的移动通信系统及终端等生产项目核准。这意味着自2004年实施的手机核准制将正式取消。

这个决策成为深圳手机产业命运的分水岭。不管"三码"、"五码",跑得快的就是好马。此项政策实施之后,手机不管是谁生产的只需通过入网检测便可上市,实际上意味着黑手机将"转正",不再存在"黑手机"这个概念以及手机生产牌照的限制,广东把这种模仿创新的手机开始叫"山寨手",从此,山寨手机从地下走向了前台。

当时,深圳手机制造商几百家,产量占全国近一半,产业基础雄厚,取消牌照无疑是给深圳乃至国产手机注入了新的活力,产业也将按照市场规则优胜劣汰,产量在全球举足轻重的深圳手机,终于可以名正言顺地参与全球化竞争。取消手机牌照核准制这一决策,意味着由政府行政手段干预手机产业的规范与发展已经宣告终结,更加激烈的市场竞争已经开始,标志手机行业将重新洗牌,一些有技术实力和管理水平的企业将脱颖而出,这一时期涌现出了诸如天语、G-five 和至尊宝等众多手机厂商,其中,天语更是借山寨手机的东风,迅速增长。2002 年 4 月,北京天宇朗通通信设备股份有限公司成立;2004年 10 月,天语第一款完全自主研发的天语手机 TY300 问世;2007 年天语稳居国产手机销量冠军,成为手机行业国产第一品牌;2008 年 9 月,天语手机累计销量已经突破 3 000 万部大关;2009 年 3 月,成为历史上首个进入中国市场份额前三甲的中国品牌;2009 年年底,天语手机稳居中国市场整体销量第三名,TD 市场拿下市场份额第二位。到今天,天语已经完成了山寨到品牌机制华丽转身。

可以说,牌照制度取消,大大地激活了手机市场,诞生出了一批手机产业的新星。

二是山寨手机超短的研发周期,把竞争对手甩在了身后。

山寨手机最强大之处,在于快到极限的出货速度,一般一部手机从研发到量产的过程，从最初的 6~7 个月，2010 年时山寨手机研发到量产时间缩短到了 3 个月，到 2012 年后缩短到了 2 个月。

一般而言，一款手机新品从构思设计到最终上市销售的整个流程来看，山寨手机和品牌手机区别在于：首先在设计环节，品牌厂商一般委托自己的设计研发部门或外部规模较大的设计公司，进行外观、结构等一系列设计工作，在开模、试生产后，进行不止一次地检测、修模，消除设计缺陷，这一过程不但会产生大量的研发设计成本，而且一般需要花费 2.5~3 个月的时间。接着，设计好的产品在正式生产前，需要交给工信部检测，一款新手机的入网检测费用通常在 25 万~30 万元人民币之间，这个过程就是给手机申请身份证，每支手机的 ID 都不相同。入网检测由工业与信息产业部属下的中国泰尔实验室执行，整个过程至少需要花费 1 个月时间，有的甚至需要 3 个月或者更长时间。通过检测后，新款手机才会大量生产，然后出货且进行广告宣传等营销工作。从设计到最终量产，品牌厂商需要花费 3.5~6 个月时间。

而山寨手机的研发到量产的流程是：1~2 天的时间立项，主要是市场调研，将样机、模型或创意给渠道，听取反馈意见；3~5 天修改方案，增减手机功能、挑选手机方案商做整体解决方案；15 天的测试，并与方案商交流改进方案；3~5 天招商，给主要代理看样机，并收订货款；5 天开模，预计订货数量并生产（与招商同时进行）；7 天后交货，一般每天第批 500 台到 2 000 台。

在快鱼吃慢鱼的今天，谁最先推出市场接受的新产品，谁就会最先抢到市场上最大的哪块蛋糕。山寨手机厂商超短的研发周期和超快的出货速度，把传统的品牌机厂商远远地甩在后面，也就意味着山寨手机厂商能获得更多的利润和更大的市场份额。

三是山寨手机超强的技术创新，打破固有的思维定式。

山寨手机厂商是真正能把握市场脉搏的人。他们是真的把消费者当成上帝，真正地在研究消费者的需要，并以最快速度的创新来满足消费者。如果说，过去国产手机的核心仍是以公司为主的生产研发模式，那么，山寨手机厂商则采取了以消费者为核心的生产研发模式。山寨手机的目标客户群是低收入的大众，他们对这部分消费者的理解颇为深刻，这部分人价格需求弹性大、追求实用。山寨手机拥有的超长待机、双模双卡、大容量的 TF 卡扩展、4 个摄像头、验钞功能、手电筒、激光笔、内置 GPS、模拟电视接收等功能全面而且花哨，能满足这部分消费者的需求。

联科发的 MTK 一站式的解决方案，更是让山寨手机省去了软件设计的麻烦。手机厂商们只需要将自己需要的功能，提交方案商们进行设计，就可以非常迅速地拿到自己的定制手机。如果所有的山寨手机，都只是简单模仿、粗制滥造和毫无新意的产品，那么山寨手机产业早就被淘汰出局了。但是，山寨手机能够在市场上存在这么长的时间，还是有许多独到的创新之处。

①超出想象的外观造型创意。

山寨手机在外观造型上的创新设计，是山寨手机创造力的最强表现。山寨手机创造出了各种千奇百怪的造型，这是传统品牌机无法实现，也很难出现的造型。总之，各种神奇的外形，你都可以在山寨手机里找得到。山寨手机因为其软件上面的雷同，很容易与其他手机形成同质化竞争，要想在竞争中杀出一条血路，就必须在手机的外观设计上力求能够吸引人眼球。

山寨手机外观设计上，就样式而言，从直板到折叠，从滑盖到双面，从键盘到手写，各式各样，应有尽有。从外形来说，有的是黄金色外壳，有的是钻石镶嵌的，有的是大尺寸手写屏幕，更有外接游戏手柄等各种款式，甚至还有宗教人士专用的设计款式。

可以说，现实生活的各种物件，都可能在手机外观上来实现。比如，在现实生活中的中华香烟和奥迪 TT、神舟六号、各大奥运特许店买过福娃，这些东西通通可以变成手机。这些手机创意，对于高素质的客户来说太过低俗，但是对于许多二三线城市的市民和低收入人群而言，这可是十分值得炫耀的产品。

可以说，在山寨手机外观设计上，真正做到了"只有想不到，没有做不出"。

②超前的操作设计。

山寨手机名字往往给人低档和落后的感觉，但是山寨手机的操作设计却非常的超前。

以前一部带有触屏功能的诺基亚手机要好几千元，普通消费者只能望而却步，然而，在山寨手机上这个触屏功能已经配备，非常普遍。尽管山寨手机的触屏操作和手写功能做得非常的烂，但是在 iphone（苹果手机）还没有开始流行的时候，这个功能足够体现山寨手机的前瞻设计。

前瞻设计还有一个很好的体现就是关于手机的语音操作。那时一些山寨手机，主要通过声音来对手机进行控制，读短信、打电话，或者是其他相关操作。这些功能，当时许多大品牌机尚未涉足。

当消费者还在期望品牌手机配置上前置摄像头，盼望着品牌手机具备电视功能时，山寨手机早已解决这个问题。一个 MTK 手机，内置一个视频软件，在现有的 2G 网络下，一样可以跟对方通话，当然这是建立在 GPRS 连接的基础上的。

至于手机上看电视，这个很早已经被山寨手机攻克，加上模拟电视接收模块，在 MTK 手机上早就可以看看 CCTV 和 BTV

的部分节目。或许电视信号不是那么的好，经常出现雪花屏；又或许声音效果很糟糕。但是，对收入低的消费者来说，自己掌控手机看电视的感觉总比看公交车上的移动电视强多了。特别是电视信号的接收，无须收取任何费用，关键是还能满足低收入消费者的虚荣心。

③人性化的功能设计。

山寨手机最擅长把握消费者的需求，在人性化的功能设计上堪称消费者的"贴心小棉袄"。

当时，商务手机双卡双待功能大行其道。但是三星和摩托罗拉支持双卡双待的机型价格都非常昂贵，而且机型也很稀少。但是这项功能却在山寨手机里面非常的普遍，基本上随便一款山寨手机都会支持双卡双待，甚至于还有的宣传三卡四卡的。

关于人性化的设计还体现在一些小功能上。山寨手机通常会带一些非常实用的小功能，例如很多山寨手机会支持手电筒功能，或者是加入简单的紫外线验钞功能，还有太阳能充电的功能等。这些非常具有创意的人性化设计，最早都是山寨手机率先设计和推广出来的。

四是山寨手机超低的市场价格，吸引大量的低端用户。

除了独特的外观设计、超前的操作设计和人性化的功能设计外，山寨手机最能吸引消费者的，是它的低廉的价格。一般而言，山寨手机价格仅仅需要300~1 000多元，而同等功能的品牌手机价格往往是山寨手机价格的2~3倍。对于注重性价比的广大低端消费者来说吸引力非常大。

按照原来的手机制造业的一般规律，手机品牌厂商要花费巨额资金，向芯片厂商和手机方案设计公司拿方案，还要缴纳17%的增值税。而山寨手机厂商生产手机，通常不会缴纳国家规定的17%的增值税、销售税，通常也又没有巨额的广告、促销等费用，所以成本极其低廉，也就可以以低价向外售卖。山寨手机的低价竞争，吸引了大量的低端用户，对品牌手机的价格产生了极大的冲击。山寨手机在手机市场上掀起的这股低价风潮，大大地拉低了整个手机行业的利润水平，中国手机市场主流价格段，已由 2003 年的 1 000~1 500 元逐渐下移至 2010 年的 400~1 000 元，这足见山寨手机低价策略的巨大威力，也就说明了用户对性价比高的手机产品从来都不嫌少，手机销售也需要走群众路线，群众需要低价手机。

五是供应链完善的配套和制造能力。

好风凭借力。山寨手机的崛起，离不开整个手机完善供应链的支持。经过几十年的改革开放，大量的国际手机品牌进驻深圳，特别是大量的台湾代工电子厂商入驻深圳，大幅地提升了深圳整体的手机生产制造能力。这些厂商的技术人员的流动，也实现了技术的大规模流动和溢出，大幅地提升了深圳整体的手机研发技术能力。加之，从 20 世纪 90 年代开始，深圳市政府积极推进经济转型，从政策层面大力支持科技企业，吸引国内外高科技企业的投资，同时在公共投资上加大基础设施投入，开始形成了完善的物流体系。在手机产业链布局上，逐步形成了以科技园为核心的制造基地，以车公庙为核心的设计公司群落，以华强北为核心的经销商群落。

在手机供应链上的设计公司密布深圳，技术溢出效应明显。上百家手机设计公司扎堆深圳，这在国内是首屈一指的。同品牌手机的生产地则相反，山寨手机设计公司多集中在车公庙，科技园次之。集中在车公庙和科技园 10 人以上的手机设计公司不下 100 家。连经纬、德信、龙旗、赛龙这些国内著名的手机设计公司，都在深圳设立了分公司。车公庙天安数码城创新科技广场 A、B 两座楼，是手机设计公司最集中的地方。仅一幢大楼就有五六十家手机设计公司。手机设计是技术溢出又一大领域，早年电信下属的手机企业首信公司和东信公司，是国内最早从事手机研发和设计的公司。曾经，这两家企业分别就有上百人做研发，这些技术人才现在大多在深圳，几个人就成立一家设计公司。另外，摩托罗拉、诺基亚、爱立信、飞利浦、阿尔卡特等一些国外大公司的国内研发人员，也是深圳手机设计研发公司的重要组成部分。可以说，就是早期这些国内外大企业的手机设计技术人员的流动，促进了深圳手机产业设计领域的技术流动和整体水平提升。

手机产业形成了完善的经销体系。在深圳手机的产业链上，大大小小的"国包"（全国代理商）、"省包"（全省代理商）手机经销商，是另一支巨大的队伍和力量，这些人大多集中在华强北一带，其中"国包"就有700多家云集华强北。

因此，这也成为深南大道上另一处手机产业集聚地。在华强北华强电子元器件配件市场，能找到手机所有的元器件，并且代表着最新科技水平，从一楼到顶楼的商铺所卖的东西就能组装起一部完整的手机。在其对面的赛格大厦，能看到国内所有的手机产品，只要有新的手机问世，必然在这里最先上市。华强北就是国内手机科技、产品、市场的风向标。如果做手机销售，必须到华强北来，如果是一家"国包"、"省包"，就必须在这里设分公司或办事处。而实际上，国内的这些"国包"、"省包"，大部分都是从华强北起家的。

经过几年的发展，这些"国包"、"省包"已经不甘心只做销售，而是涉入贴牌业务，纷纷"杀"到深圳，他们携带巨资，游走于华强北市场和车公庙的设计公司内，寻找产品，委托设计，谈判贴牌，委托加工，下单发货。由于手机款式变化繁多，所以价格变化快。如果不能及时掌握信息，手机生意就很难做下去。因此，许多手机经销商索性把公司搬到深圳，既节省了机票，还提高了效率。现在，甚至连内地的一个小经销商，开几个店，也会派一个业务员常驻华强北，最起码要委托一个人，及时询问和传递信息。如此庞大的经销体系，保证了山寨手机快速出货。

手机生产形成了完整的供应网络。在深圳及周边，大约有150多家手机专业加工厂，因此，无论是生产产品，还是经销商贴牌手机，都可以不必自己制造，而是委托加工。遍布深圳、东莞、惠州大大小小的手机加工厂，是深圳手机产业链的重要组成部分，正是它们的存在和支撑，才使得品牌企业、设计公司和经销商可以各负其责，专注其擅长的领域，而不必过问生产车间和流水线上的具体事务。特别是山寨手机厂商，可以不必建厂房，也不必建生产线，不仅省下大笔投资，而且还节省了时间。因此，在手机产业链的某一个环节上工作过的人，掌握了一定的技术或者市场资源，只要有一个小小的创意，几个志同道合者一聚，第二天就可成立一家公司，完全不必考虑加工制造的事。因为有大把的加工企业可供选择，价格还可货比三家。即使是那些品牌企业，也不再投资自建生产线，社会上的产业资源已经非常丰富，只要把产品开发和销售做好就行了。这些手机加工厂生产能力惊人，有多家企业加工生产能力超过千万台。

2005年，在科技园内，三星生产基地的年生产能力就已经超过1 000万台。2004年，在龙华的富士康手机基地生产能力就超过1 000万台，2005年超过1 500万台。东莞和惠州都有年生产能力超过1 000万台的生产厂家。这些专业化的手机加工厂，赚取10%到12%的加工费，能做到保证质量和按时交货，成为深圳手机产业的坚强后盾。九成手机元器件实现本地配套。手机产业最基础的部分是元器件，除芯片加工以外，手机200多个元器件在深圳都能配套，配套半径也就20多千米，属于半小时配套圈。这种产业配套不仅为手机制造创造了条件，也为手机开发提供了便利。

在深圳，如果试验中发现哪一个零件不对劲，一个电话，半个小时、一个小时就有人把新的零件送上门。而这在别的地方可能需要几天才能办得到。从开发速度来说，时间最长的是模具。深圳精密模具是强项，富士康一家模具厂就有近两万人，都是技术精英，而且有很多员工就被挖出来做模具，实现模具技术的扩散。深圳模具不但精度高，而且开发快，别的地方一副模具的开发要四五个月，在深圳只需要几个星期。手机的主要配件方面，线路板有深南电路、南太这样的老牌公司；液晶板有天马、创维这样的品牌企业；比亚迪是全球手机电池大王；赛尔康是全球最大的手机充电器生产厂。微电机、喇叭、注塑件等产品更是配套企业众多。由于手机体积越来越小，集成化程度越来越高，像普通的螺丝钉也已经精密到跟头发丝差不多粗细，而一部手机需要大大小小的螺丝十几个，也不是一般的工厂能够制造的，只有深航标准件厂等公司才能达到要求。在芯片方面，深圳手机产业是最大的消费市场，各芯片巨头都在深圳设有办事机构和产品仓库，由于竞争激烈，这些公司现在已经上门推销和服务，不但价格可以谈，而且还能根据你提出的需求和条件进行个性化调整。

可见，无论是手机设计，还是手机的生产配套，以及手机的销售，都已经形成了一个完整高效的供应链体系，山寨手机正是借助这个完善的供应链，才能把自己的高性价比、突出的外观和功能设计的优势发挥得淋漓尽致，并在手机市场雄踞一方。

8.3 山寨手机的困境

风流总被雨打风吹去。随着智能手机兴起和知识产权的规范，曾经风光无限的山寨手机，开始变得黯然失色。

据市场研究公司 iSuppli 统计，自 2007 年起，山寨手机出货量虽然不断提高，但国内市场的出货量却一直在下滑。虽然 2010 年中国手机市场零售总额超过 2 000 亿元，同比增长高达 25%，但是这个数字大部分是由智能机完成的。山寨手机逐渐失去中国这个全球的最大的手机市场，是由以下多个原因造成的：

一是来自 3G 时代的智能手机竞争。

江山代有才人出。如果说 2G 时代的宠儿是山寨手机的话，那么 3G 时代的宠儿无疑是智能手机。

2007 年的时候，苹果发布了自己的首款智能手机 iPhone，这款手机采用全触摸屏的设计，整个机身只有一个实体按键。同样是 2007 年，谷歌发布全新的智能手机操作系统 Android（安卓），并且就在不久之后成立了规模空前的智能手机联盟。但是在当时，这些消息都算不上重大新闻，因为那个时候的人们，还在为诺基亚的全新旗舰 N95 而惊叹欢呼，这些后来者在当时看来，根本没有能力撼动诺基亚的霸主地位。而这个时候的山寨手机也正处于黄金时期，智能手机尚未普及。

但是随着时间的推移，由苹果主导的全屏触控手机良好的操作体验，App Store 带来的强大，在世界范围内掀起了一股智能触控风潮，传统巨头纷纷跟进，更是促进了这一趋势。而这个时候，山寨手机还是采用 MTK 的廉价解决方案，毫无新意的操作方式，糟糕的操作体验以及欠缺的应用，让山寨手机在这场触控智能手机的竞争中完全落于下风。这个时候 Android 也开始有了长足的发展，谷歌联盟开始发挥其强大的号召力和宣传作用，免费开放源代码，促使智能手机价格迅速被拉到千元左右，山寨手机不再有价格优势。特别是当各大品牌手机厂商，陆续推出了低价高品质的街机类型的智能机，山寨手机更是雪上加霜。

当 GSM 网络开始不能满足人们需求的时候，随着移动互联网的飞速发展，扩展功能强大的智能手机不断涌现，有着更加优越性能的 3G 时代开始到来。不同于 2G 的是，在 3G 时代，最核心的技术专利为美国的高通公司所有，除了 TD-SCDMA 之外，任何使用到 3G 技术的基带芯片都需要向高通交付授权费。

无法获得专利授权就不能生产 3G 手机，而联科发和高通公司在关于 3G 的专利授权上一直进展缓慢。2G 时代统一的 GSM 制式，芯片商按标准生产就行。3G 时代则有 WCDMA、CDMA2000 和 TD-SCDMA 三个制式，加之 3G 手机以定制为主，习惯于 2G 的联科发要打开局面并不容易。更重要的是，山寨手机如果加上 3G 的授权费用的话，成本便会直线上升。如果用户能买到一部 900 元的摩托罗拉时，就不可能去买一部 900 元的山寨手机。

同时，国际手机品牌联合展开了对中国的山寨手机围攻。除了在外观专利和技术专利上对山寨手机毫不放松之外，这些品牌手机厂商还从他们成熟的销售渠道上面下手，对山寨手机的销售渠道进行封堵和打压。

最终，面对品牌手机厂商推出的高性价比智能手机，山寨手机开始变得毫无还手之力。

二是品牌手机的研发周期大幅缩短。

2007 年 10 月，作为高交会的一个项目，南方手机检测中心正式落户深圳，福田区政府亦参股其中。知情人透露，这一个手机检测中心是中国信息产业部电信研究院在深圳专门设立的检测机构，将为企业提供快捷、高质量的手机测试认证和相关技术服务。在业内看来，将进一步加强深圳手机之都的地位及全国辐射力。深圳，如同美国的"硅谷"，已经形成了一条以手机为中心的完整的产业链。

检测费用高、时间慢一直是手机圈内的心病，也是阻碍深圳产业发展的绊脚石。按照业界共识，目前检测一款手机大概需要费用32万元，时间要两个半月，这显然已不能适应手机制造商需要尽快上市的要求。山寨手机充分利用这个时间差，新品上市速度可能比国产手机快1~2个月。缩短入网检测的时间就成了国产品牌手机的迫切愿望。如果南方检测中心运作起来，检测时间将只需要1~2周，可帮助深圳手机企业提升技术水平，同时削弱山寨手机在研发周期上的优势。

众所周知，山寨手机最强大之处，就在于它的超短的研发周期，以及在这基础上的超快的出货速度。随着这个优势的消失，山寨手机的竞争力大大下降。

三是中国政府开始规范和强化知识产权保护。

对于山寨手机来说，政府加强保护知识产权，这是一个十分严重的问题，因为这直接导致了中国政府对山寨手机行业态度的转变。一直以来，山寨手机这个行业是一个相对灰色的地带，深圳政府对于山寨手机的态度并不明确。主要是因为关于山寨手机是否是破坏性创新的争论不断，特别是山寨手机每年创造的巨额的产值和解决的就业，给政府带来巨大的税收，使山寨手机这个行业得以长期在夹缝中生存。

国内舆论风向标转变于2008年6月，央视二套《经济半小时》栏目播出了对深圳山寨机的调查，使得山寨机成为了热门话题，并引发各界的广泛关注。针对央视的调查，深圳市政府也展开了对手机市场的大查处，对山寨手机进行严厉打击。国际舆论压力开始增强，从2009年开始，西方各国对于中国山寨手机的指责一直不绝于耳，诺基亚这些国际手机巨头除了从正面狙击山寨手机之外，强大的政府公关能力也使得他们和西方欧美国家一道，对中国政府施加压力。国内外舆论的压力，特别是关于知识产权保护的压力，迫使中国政府改变对山寨手机默许的态度，逐渐加大了对山寨手机的持续打击力度。

如果说，当年取消审批制，激活了山寨手机的创新发展，那么，当政府开始强化知识产权保护时，山寨手机的赖以生存的灰色土壤就必然开始消失，最终注定了山寨手机走向末路。

四是同质化的恶性竞争加剧。

虽千仞之山，无所不至。哪里有丰厚的利润，哪有就有资本的疯狂介入。

早期的山寨手机行业是一个暴利的行业，许多手机厂商靠着一两款手机，就可以实现几千万元甚至上亿元的销售收入。那个时候手机的生产设计，还都在追求差异化和个性化，力求做出和别人不同的产品来吸引消费者。可是到了后来，由于吸引太多的资本加入到山寨手机的队伍中来，出现了过度的竞争，导致山寨机的利润开始逐年下跌，从高峰时期每台几百元，到后来每台只有 10 元，而且这样的厂商在整个华强北比比皆是。在这种状况下，手机厂商们开始陷入了一种恐怖的恶性竞争，大家为了降低成本不断地想办法，甚至有为了 2 块钱的成本牺牲了部分性能。

恶性竞争带来的后果就是，山寨手机厂商为了节省成本而不惜一切代价，明明只要多花 10 元、8 元就能做得更好，声音音质可以好很多，电池也可以更加的耐用，可是厂家偏偏就不花那个钱，结果导致消费者有钱也买不到好东西。

为了让消费者购买自己的产品，山寨手机厂商开始虚标产品信息。山寨手机厂商为了使手机有更吸引人的表面数据，往往对手机的硬件信息进行了许多虚标和美化。比如手机的摄像头明明只有 30 万像素，但是在山寨手机的介绍上面却是 300 万像素，并且拥有高清摄录。到后来虚标甚至变成了欺骗。比如，一款山寨手机标明内存有 16GB，而实际一首 3MB 的歌曲都装不下，通过电脑连接才知道，手机的实际内存只有几百 KB。

更有甚者，一些山寨手机开始进行吸费陷阱。部分山寨手机厂商开始在山寨手机里面设定一些吸费项目的程序，只要消费者一点击，哪怕消费者是立马就退出来关机，但在消费者开机的一瞬间，就会出现"感谢你使用某公司的服务，本次服务的费用是 XXX 元"的消息，这些消息在消费者的手机里响个不停。内置那些乱七八糟的收费陷阱，因为内置的程序是被设计在了手机的底层代码里面，不是专业的人员根本不知道如何删除它们。

山寨手机的吸费行为，等同于诈骗和抢劫。吸费的恶劣影响，远远比手机质量差、虚标硬件参数更为恶劣，导致山寨手机变成了"不合法"手机。至此，山寨手机成了"老鼠过街、人人喊打"，名声彻底的坏了。大批的山寨手机销售商开始集体撤离华强北，即使山寨手机卖场大幅下调店铺租金也难挡撤离潮。大量柜台空置，无人问津，山寨手机厂商走向衰落。

8.4　品评山寨手机的发展之路

山寨手机的辉煌，乃是抓住了审批制度取消这个最大的制度创新机会，同时，借助联科发研发的基带芯片，在此基础上大胆进行外观和功能设计创新，依靠以深圳为核心的珠三角手机产业链，以快速的市场反应，搭上了 2G 时代手机的最后一波高潮的市场机遇。

这中间，联科发和众多手机厂商实质上形成的一个松散的研发联盟，提升了整体的技术创新水平；而众多国际品牌厂商的技术人员创业，又加速了技术的溢出和技术流动，更重要的是让国内的手机厂商在技术创新的过程中，学习以国际化视野来观察产业的发展，既提升了中国手机产业的竞争力，又推动了中国制造的手机走向世界。

　　在科学技术日新月异的今天，没有毕其功于一役的技术创新，更没有一成不变的商业模式。适应 2G 的技术创新和商业模式，并不一定适应 3G 时代市场的需要。由于联科发在 3G 时代并没有超成熟的、或者说是超越对手的技术和产品，也就不可能给众多的手机厂商提供超值的服务。没有了这个前提，山寨手机的技术创新就没有了基本的技术创新平台。而且，品牌手机厂商认识到了低端手机市场的巨大影响，纷纷开始推出高性价比的智能手机，直接压缩了山寨手机的市场空间。加之政府强化保护知识产权，没有了价格优势和技术优势的山寨手机，注定其衰落的命运。

9 智能手机时代的小米

2011 年，一则新闻吸引了国人的眼球。

2011 年 8 月 19 日，小米科技董事长雷军在腾讯微论坛冲冠一怒摔手机，他把自己开发的小米手机从 1.6 米的高度扔下，以此来反驳小米手机是山寨机的指责。

当小米公司推出高配置的小米手机后，网上有传言说，小米手机装着很高级的壳，实质上却是国产垃圾，这才有了上面雷军怒摔手机证明小米性能的新闻。

尽管小米手机砸在水泥地上，电池飞出，手机仍然正常开机，没有任何问题。雷军称，小米手机是大屏高端智能手机，比传统手机复杂很多，也娇贵很多，摔跌试验只是其中一种。"我示范一下，只是表达一种态度：我对小米手机的品质非常在意，我们非常努力在做好手机"。

雷军的冲冠一怒摔手机，表面上是对外界关于小米手机置疑的反击，实质上更是对小米手机的一次品牌营销。显然，这次怒摔手机，不仅吸引了公众的注意力，更强化了小米手机的美誉度，让小米手机的影响力又上了一个台阶。雷军更被好事的米粉们亲切地称呼为"雷布斯"，意在表明雷军在移动互联网手机时代的作用和地位。

9.1　小米的浪潮

雷军的确有资格被称为"雷布斯"，他所创立的小米公司，仅仅三年时间，就以排山倒海之势，在中国掀起了一股小米浪潮。

2010 年 4 月 6 日，小米公司成立。

2011 年 8 月 16 日，正式发布小米手机。

2011 年 9 月 5 日，小米手机正式开放网络预订，半天内预订超 30 万台，取得了重大的成功。

2011 年 12 月 18 日，小米手机第一次正式开展网络销售，5 分钟内 30 万台售完。

2011 全年，小米手机总共实现销售手机 30 万台（小米一代手机），销售额为 5.5 亿元人民币。

2012 年 5 月 29 日，小米公司通过官网预订和销售小米手机电信版，售完 10 万台。

2012 年 6 月 7 日，小米公司通过官网实现 7×24 小时开放购买，并完善售后服务渠道。

2012 年 11 月 19 日，中午 12 点，第二轮 10 万台 MI2 手机于 2 分 29 秒售完，第六轮 30 万台 M1S 青春版 于 12 分 02 秒售罄。

2012 年 11 月 25 日，中午 12 点，小米青春版 1S 手机第八轮 20 万台开售，在 18 分 12 秒内售罄。

2012 年 11 月 29 日，中午 12 点，第三轮 MI2 手机 15 万台于 1 分 43 秒售罄。

2012 年 12 月 07 日，小米手机往期预约用户特权专场，20 万台小米手机售罄。

2012 年 12 月 14 日，20 万台小米手机开放购买活动，其中

10 万台小米 2 手机在 2 分 17 秒售罄；10 万台小米青春版 1S 手机在 14 分 55 秒售罄。

2012 年 12 月 24 日，圣诞节专场 25 万台小米手机开始放购，小米让世界刮目相看。

2012 年 12 月 28 日，年末专场 25 万台小米手机在 16 分 9 秒售罄，其中小米 2 手机在 2 分 56 秒售罄。

2012 全年，小米手机产品出货 719 万台，同比增长约 2296%；销售额 126.5 亿元，同比增长 2300%。

2013 年 1 月 05 日，2013 年首场开放购买，25 万台小米手机仅限老用户参加。

2013 年 2 月 5 日-2 月 16 日，中午 10 点，小米 2 手机、小米 1s 手机开放购买。

2013 年 2 月 18 日-2 月 23 日，小米 2 手机与小米 1s 青春版手机各 30 万台开放购买。

2013 年 3 月 1 日，MIUI V5 版本公测，小米 2 手机首发。

2013 年 3 月 12 日，中午 12 点，举行 25 万台小米手机开放购买活动，本轮开放购买共包括 20 万台小米 2 手机（可选标准版或电信版）与 5 万台小米青春版 1S 手机。

2013 年 3 月 19 日，小米盒子和小米手机同步销售。上午 11 点，1 万台首发高清互联网电视盒、小米手机最发烧配件——小米盒子，仅售 299 元；中午 12 点，20 万台顶级发烧配置小米 2 标准版手机 1 999 元起，可选 16GB 或 32GB。

2013 年 4 月 9 日，小米科技 CEO 雷军在北京国际会议中心连续发布四款新品，雷军首先发布最新的 MIUIV5 手机系统，小米 2 手机增强版 2S、小米 2 手机青春版 2A、小米盒子核心细节陆续曝光。晚上 8 点，20 万台小米 2s 手机开放购买，硬件升级，分 16GB 版与 32GB 版。

2013 年 7 月 31 日小米正式杀入千元智能手机市场：红米手

机上市并开放预约，超过 900 万用户通过 QQ 空间预约。

2013 年 8 月 12 日 12 点整红米手机开放购买，小米科技又创造了手机营销史上的一个奇迹，90 秒，10 万台红米手机售罄。

2013 年 8 月 20 日，截至中午 12 点 29 分，红米手机发布微博称 10 万台小米 2S 手机和 10 万台红米手机均宣告售罄。

2013 年 8 月 27 日，本次供货的 5 万台红米手机在 3 分 39 秒内售罄，而与之一同放出的 5 万台售价 1 699 元的 16GB 版小米 2S 手机也在随后销售一空。

2013 年 9 月 3 日，5 万部红米手机再次售罄，9 月 10 日再次抢购。

2013 年 9 月 5 日，小米科技在国家会议中心举行发布会。会上发布了迄今为止世界顶级四核手机小米 3 手机和超窄边小米智能电视机。

2013 年 11 月 28 日，小米公司开放微信专场，15 万台小米 3 手机在十分钟内售罄。

2013 年，小米手机产品出货 1 870 万台，同比增长 260%；销售额 316 亿元，同比增长 250%。

2014 年 2 月 14 日，红米 1s 手机发布，并将于 2 月 20 日，正式开售，同时小米 3 电信版也将于 2 月 25 日首发。

2014 年 2 月 27 日上午 10 点，重新上架的小米 2S 手机 16G 版再度降价 400 至 1 299 元，挑战搭载高通骁龙 600CPU 手机的性价比极限。

2014 年 3 月 16 日 0 点，小米在 QQ 空间首发红米 Note 手机，5.5 寸大屏幕，八核 CPU；3 月 19 日开放预约，3 月 26 日 12 点开始首轮抢购。

2014 年 4 月 8 日晚间，小米官方公布了小米米粉节销售数据：在历时 12 小时的活动中，小米官网共接受订单 226 万单，

售出 130 万部手机（含港台及新加坡 10 万台），销售额超过 15
亿元，配件销售额超 1 亿元，当天发货订单 20 万单，共 1 500
万人参与米粉节活动

2014 年 8 月 28 日，小米已进军印尼市场，将在该国电子商
务网站 Lazada 上独家销售红米手机。

可见，经过三年的努力，小米手机销售实现了爆炸性的增
长，从 2011 年小米手机出货仅 30 万台（小米一代手机），销售
额为 5.5 亿元人民币。到 2012 年，小米手机产品出货 719 万台，
同比增长约 2400%；销售额 126.5 亿元，同比增长 2300%。到
2013 年，小米手机产品出货 1 870 万台，同比增长 260%；销售
额 316 亿元，同比增长 250%。2014 年，小米手机全年供货
6 000万台，销售额目标 750 亿~800 亿元。一般而论，手机厂商
销售额从零到 300 亿元，最快也要用 7~8 年的时间，而小米手
机仅仅用三年就突破了 300 亿元的销售额，令人叹为观止。

9.2　小米成功的原因

小米作为一家刚刚成立仅三年的公司，就能够创造出 300
多亿元的销售额，那么小米成功原因究竟是什么呢？雷军曾说
过："我觉得做企业首先要志存高远，做的事情要面对未来；第
二要敢用世界级的人才；第三是产品定位要高端，有高附加
值。"这番言论可以说是一个大致的解释。如果深入研究，就会
发现小米成功有如下几个原因：

一是精准的战略布局。

谈到小米的发展战略，不得不说一说小米的"风口"战略，
用雷军自己的话说"在风口上，猪也能飞起来"。雷军创办小米
公司，意在智能手机市场上分一杯羹，因为小米 2010 年创立之

时，正好是智能手机市场爆发的拐点，在这个大"风口"上，全力以赴地投入，将会有一片大有作为的广阔天地。从 2009 年至 2013 年，我国手机市场发展迅速，手机的普及率和拥有率迅速上升，3G 智能手机已开始渐渐被人们所拥有。2009 年全球手机用户为 46.6 亿户，我国手机用户净增 1.06 亿户，达到 7.5 亿户。2010 年的全球手机市场，手机用户数量为 52.8 亿户，我国的手机用户就达到了 8.59 亿户。2011 年，我国的手机用户就达到了 9.8 亿户，其中 3G 移动电话用户 1.2 亿户。2012 年，我国手机用户达到 11.1 亿户，首次突破 10 亿户。截至 2013 年 11 月底，我国手机用户达到 12.23 亿户，其中 3G 用户 3.87 亿户，占比达到 31.6%。

我国手机市场如此快速的成长，使我国成为全球最大的手机市场。面对着上万亿元的巨额"蛋糕"，国内外手机厂家正在虎视眈眈地瞄准我国市场。

另一方面，随着我国居民人均可支配收入不断增加，人们追求更加时尚、简约实用、性价比高的手机。根据互联网消费调研数据，售价在 1 000~2 000 元之间的智能手机备受用户关注，获得 34.3% 的关注比例。其次为 2 001~3 000 元的机型，关注度在两成以上。3 001~4 000 元、4 000 元以上及千元以下智能机型用户关注度较为接近，均在 13%~15% 之间。而苹果、三星、HTC、诺基亚等手机厂家瞄准的主要是 2 000 元以上的高端手机市场。这就出现了一个潜在的、巨大的 1 000~2 000 元的智能手机市场。

小米手机发展战略的核心，正是要抓住智能手机快速增长的机会，和低端智能手机市场的细分市场，从而乘势而起。小米公司随之而来的战略步骤，就是 2010 年布局 MIUI，2011 年推出智能手机，2012 年赶上全球智能手机爆发。手机销售从第一年的 30 万台，三年时间迅速增长到了 1 870 万台，成就了我国智能手机发展的一个神话。

二是打造顶级团队。

在好战略的战略，都离不开优秀的人才来执行，决定商业竞争胜负的关键还是人。一个好汉，三个帮。当下移动互联网时代的到来，一个优秀的核心团队更加重要。

小米公司在创立之初，就十分重视对其核心团队的打造。创始人雷军精心挑选和邀请了手机和互联网领域的精英加盟，小米的 7 个创始人分别来自软件、硬件、互联网领域的著名企业：微软、谷歌、摩托罗拉和金山。小米团队中有 80% 的人来自内部推荐，研发团队中有一半的人来自知名企业，小米团队平均年龄仅 32 岁。

创始人雷军本人就是一个中国 IT 界的风云人物，他 1991 年毕业于武汉大学计算机系；1992 年初加盟金山公司；1992 年 8 月出任金山公司北京开发部经理，后任珠海公司副总经理；1994 年出任北京金山软件公司总经理；1998 年 8 月，开始担任金山公司总经理；1999 年投资了卓越网和逍遥网，并出任卓越网董事长；2000 年年底出任北京金山软件股份有限公司总裁；2007 年 12 月 20 日，雷军卸任金山软件总裁兼 CEO 后，留任公司董事会副主席，此后，他专心地将自己的角色定位在"天使投资人"，这几年投资的项目包括凡客诚品、乐淘网、UC 优视、拉卡拉等，这些风投使他成为中国最著名和最成功的风险投资人；2008 年 10 月 16 日，雷军出任小米公司董事长。

除了雷军本人外，小米联合创始人也都是行业里的顶尖人才。

原 Google 中国工程研究院副院长林斌，全权负责谷歌在中国的移动搜索，组建团队参与工程研发工作，是当今软件产品和互联网产品技术领域顶尖人物。

原摩托罗拉北京研发中心高级总监周光平，负责小米手机的硬件和 BSP 团队，他是国内最早进入手机行业的专家之一，摩托罗拉最畅销的机型之一"Ming A1200"，就是由其任硬件研发负责人兼总工程师研发生产的。

原北京科技大学工业设计系主任刘德，负责小米手机的工业设计和供应链。他毕业于国际顶级艺术学校 Art Center，曾获得诸多国际设计奖项。

原金山词霸总经理黎万强，是国内最早从事人机界面设计的专业人员之一，曾历任金山人机界面设计部首席设计师、金山软件设计中心设计总监，互联网内容总监，现负责 MIUI 和小米手机的营销。

原微软中国工程院开发总监黄江吉，不到 30 岁就成为微软工程院的首席工程师，具有在微软工作 13 年的丰富经验，他最开始负责米聊、小米云等业务的发展，后来负责小米公司的首款硬件产品——小米路由器。

原 Google 中国高级产品经理洪锋，曾任美国 Google 的高级工程师，曾任中国谷歌第一产品经理，曾主持开发的谷歌音乐，成为了中国谷歌为数不多的饱受赞誉的产品。

在这样一个精心打造的顶尖团队中，雷军任小米公司 CEO，林斌任小米公司总裁，负责公司日常运作，其余五名联合创始人分任副总裁。大家各司其职，强强合作。

三是清晰的移动互联网商业模式。

小米公司的成功可以说是移动互联网商业模式成功。它创造了一套线上销售的新模式，成为业内快速崛起的典范。

①以高性价比智能手机快速进行互联网订制。

通过研究乔布斯的成功案例，从苹果公司的成功，雷军得出一个结论：移动互联网时代，一家公司成功的标准是软件、硬件和移动互联网三种资源的高度匹配，换句话说，"玩的就是铁人三项。"

小米公司目标是做成一个世界级的品牌，成为全球 500 强公司，但不会像苹果公司那样在硬件产品上赚取大量现金。第一款小米手机的硬件配置，几乎都采用同行业最高水平：双核1.5G 处理器、4 英寸夏普原装液晶屏、800 万像素摄像头、1 930 毫安大电池等高配置。而这样的高配置定价只有 1 999 元，相当于同等配置产品的一半左右。小米手机超高的性价比引发了无数用户的兴趣和关注。在 2011 年 9 月 5 日小米手机开始接受预订起，半天就超过了 30 万部的订货量。

在以高配置、低价格冲击市场的同时，小米公司还有米聊、MIUI 操作系统以及小米电子商务交易平台的武器。小米作为一家初创的公司，虽然一切设想都很好，但要像铁人一样"跑"完全程，绝非易事。2011 年 10 月 20 日起，小米每天发货 1 000台。但很快问题就来了：先是零部件供应不上，随后又被抱怨物流不完善，也有用户在体验后表示"失望"。但是小米公司以互联网时代的高效反应，通过仅仅一个月的时间调整生产制造和物流，小米手机的发货量达到每天 5 000 台，到了 2011 年 12月 5 日开始更是提升到每天 1.5 万台。而售前、售后和物流环节，也磨合得愈发顺畅，手机用户的整体满意度也在提升。

②用互联网体验方式来提高用户的良好体验。

用互联网的模式去做一部手机的品牌，绝不是简单地复制苹果公司的"铁人三项"。深入研究互联网行业，可以发现：击败雅虎的不是另外一个雅虎，是谷歌；击败谷歌的是 Facebook；如果照搬苹果公司的模式来做小米手机，是不可能成功的。

尤其是当小米手机的发货量越来越大时，随之而来的就是要建立一套完善良好的售后服务体系。2011 年年初小米公司就已经在全国 7 个城市完成建设"小米之家"服务站的计划。"小米之家"有点儿像苹果公司的"天才吧"，是一个俱乐部的形式，成为各地区小米用户的一个聚集地。在这个咖啡厅里，用户可以自取手机，可以完成手机的售后维修。"小米之家"跟以往手机厂商的售后服务点性质不同，不是那么冷冰冰的服务台，而像是小米用户的俱乐部，并为当地小米粉丝举办一些活动等。

这种创新的售后服务模式开始只在北京、上海、广州、深圳、南京、成都、武汉等7城市启动，如果成功，雷军准备尽快发展更多的城市。到了2013年，小米公司已经建成了6大仓储中心、18家顶尖水准的小米之家旗舰店、436家维修网点，售后、物流体系也变得更加完善。

移动互联网商业模式的核心是强化企业的互联网公司特性，即互联网公司的本质不是要卖出产品，而是留住用户。

正因为此，小米手机比同等配置的其他品牌产品便宜近一半，零售价的利润极低。这样的价格，一旦产品有良品率低，或是渠道、售后成本高等问题，都会造成亏损。这样定价的目的首先在于以低价高性能来吸引用户，并形成一个固定而且庞大的用户群，只要用户量足够多，以后通过终端销售内容和服务就可以赚取利润。

以腾讯为例，早期腾讯，就是以即时软件的免费使用，从而快速占领用户的客户端，最终形成中国互联网市场上最大的即时通讯使用群体，然后便可以衍生出许多向用户收费的模式，比如游戏娱乐、广告等众多业务。现在，腾讯的微信，更是在即时通讯庞大市场基础上迅速发展出的全新的市场。本质上来说，作为腾讯的核心产品，QQ和微信的核心功能就是建立人与人之间的连接，而连接的最终目标就是构筑一站式的线上生活服务平台。微信的未来已经不是"线上线下融合"的概念，而是社交网络、商业网络、物联网的融合体。通过专注于连接能力的平台，并将平台开放给第三方接入，和第三方一起建造基于微信的人和服务的生态系统。在此平台之上开展服务项目，腾讯不想赚钱都难。

显然，小米也正在打造其移动互联网的王国，以米聊、MIUI 操作系统以及小米电子商务交易平台为核心，以小米手机硬件和软件为终端，来形成一个固定和庞大的用户群体，最终实现软件、硬件都赚钱的局面。

③采用饥饿营销来实现盈利。

许多人对小米的网上订购嗤之以鼻，认为是其营销的一种手段而已。而实际上，小米的网上订购模式直接关系到它的盈利模式。

手机的利润实际很高，国际一线品牌大厂 Apple、HTC、三星、Moto 等高端手机定价基本都在 3 500 元以上，iSuppli 分析国际品牌高端手机材料成本只有售价的 30%，例如售价 600 美元的 iPhone4，所需的材料成本是 187.51 美元。当然，这里面人工、广告、软体发展、专利授权等成本并未考虑在内，高端手机拼的是品牌和软硬系统整合能力。

小米手机上市之初，在计入研发成本的情况下，利润空间不大，而随着销量增长带来的采购成本下降以及一些费用分摊的完成，才能大规模盈利。雷军本人就表示，小米手机最初定价时是按照销售 30 万台来计算成本，刚开始小米赔了不少钱；当小米手机销量超过 30 万台后，小米手机基本到达盈亏平衡线；到了 2012 年第二季度，小米已经赚到了正常的商业利润，利润率约为百分之十几。因此，2012 年小米手机销售 719 万台，销售额超过 120 亿元，估计利润至少在 12 亿元以上。

小米手机成本的主要构成包括元器件采购成本；海关税、海关代征增值税、进口代理费、汇率成本等；代工厂加工成本、包装材料费用；生产损耗；供应商研发费、模具等一次性成本摊销；售后服务费用；销售费用（仓储物流费、收款费用及保险等）；高通专利费；增值税、教育附加税、城建附加税及印花税；软硬件研发成本分摊；公司成本、人工费用分摊。

众所周知，手机产业链的物料价格，会随着时间不断大幅下降。产品发布之际的超高性价比，随着时间的流逝，逐渐成就了产品销售的超高利润。因为根据摩尔定律，当价格不变时，集成电路上可容纳的晶体管数目，约每隔18个月便会增加一倍，性能也将提升一倍。换言之，每一美元所能买到的硬件性能，将每隔18个月翻两倍以上。小米前期卖得少后期卖得多，手机发布前的几个月控制销量，因为那正是利润极薄时。此后小米持续不断挤牙膏式地预订造势，不断提醒用户来抢购产品。等到几个月后，硬件的成本真正降下来，才进行大批量销售，这也是每部手机利润率最高的时候——有了规模效应，元器件成本降低，就有了更强的议价能力。

　　另一方面，饥饿营销的意义还在于压缩库存。

　　移动互联网时代，减少库存甚至实现零库存，对一家企业十分重要，一批仓库里的手机就可以轻轻松松压垮一家手机公司。

　　2012年，小米公司曾经回应外界对"饥饿营销"的质疑，称"这是表象，实质是小米供不应求。我们一直在优化供应链。小米今年目标是产量翻番达到1 500万台！高端手机就是海鲜，任何厂商不会也不敢囤货不卖！希望媒体朋友和米粉理解"。

　　当下，手机公司最惧怕的就是库存，小米2013年卖出了1 870万台手机，如果库存是10%，那小米赚的钱就要赔光。对于手机行业而言，相比手机不够卖，手机库存对企业来说更加可怕。

　　芯片厂商作为手机制造产业链的最顶端，通常会提前半年左右将下一阶段的芯片介绍给手机厂商。不同于其他手机厂商在芯片量产后发布新品手机，小米1手机和小米2手机都是在高通芯片首发之后即公布新品。

　　由于小米新品选的都是核心元器件CPU首发，高通、英华达等在芯片生产上也有 2~3 个月的爬坡期，之后才能慢慢释放产能，核心元器件的生产节奏决定小米手机的出货节奏。

先预约，后订货，小米采用的是一种滚动式的订单模式，每隔一段周期向上游厂商订购，这能降低小米在资金和库存方面的压力。传统手机厂商在无法预测销量的情况下大量备货，将承受巨大压力。

本质上说，小米的销售策略与以渠道为主的传统手机厂商有很大的不同，饥饿营销是策略的一部分，这样做的目的还是为了零库存。

相比较其他手机企业而言，库存对于小米可能会更可怕一些。不同于其他品牌手机在新品发布时采用高价策略，把价格压到非常低的小米手机利润比其他手机低。小米手机降价的空间要小一些，如果这个时候再有库存就很危险了。

不仅仅是小米，生产链上的每一个环节都不想有库存，比如在芯片方面，高通、台积电会严格按照手机厂商预定的芯片数量供货，不可能把芯片生产完放着，等着企业随时来订购。因为上游芯片企业也要通过零库存来减少风险和资金积压的压力。

但这中间有一个难题，就是手机厂商很难预估三个月甚至是半年之后市场的变化，预估数量的不准确会造成后期销售出现混乱。因此，小米开始网上有限度的预售手机，也是为了保障其没有压货的风险，从而保障其利润的安全边际。

四是相关多元化战略。

围绕核心产品和服务，进行相关的产品和服务多元化经营，一方面可以分摊推广营销的费用，赚取更大的利润，另一方面可以更好地满足用户，从而提升用户满意度，进而强化用户的忠诚度，加深自身产品和服务的护城河。

小米公司主推小米手机的同时，还推出相关的其他产品和

服务，比如小米盒子、米 UI、小米智能电视等待一系列产品和
服务。如果一个用户购买了小米盒子，将黑色的小盒子连接路
由器，打开手机，点击手机 Wifi 搜索到小米盒子，就可以用手
机、平板电脑等终端遥控电视了。除了用电视屏幕欣赏手机里
的照片、iPad 上的高清视频、点播网络视频，当用户把终端连
接小米盒子后，原本在安卓系统上使用的各种应用也被搬上了
电视。

目前米 UI 被翻译成 23 个国家的语言版本，支持包括 HTC、
三星、索尼、摩托罗拉、华为、联想等手机品牌旗舰机型，并
且在未来进一步开放米 UI，支持更多的国产厂商。

2013 年 9 月 5 日，小米公司发布了首款 47 英寸（1 英寸 =
2.54 厘米）3D 智能电视，官方定价为 2 999 元。小米电视采用
了基于 Android 系统深度定制的 MIUI TV，将电视功能与系统融
为一个整体，可播放市面上几乎所有格式的高清视频，如 MKV、
TS、FLV、AVI、VOB、MOV、WMV、MP4、RMVB 等，完美支
持蓝光高清和 3D 视频。

通过米联可以将小米手机、iPhone、iPad 和电脑上的图片、
视频以及搜狐视频、腾讯视频、PPTV 等应用的精彩内容无线投
射到电视上，还可以使用小米手机直接作为遥控器操作小米
电视。

如果说，现在小米手机的销售，是其巨大利润的主要来源，
那么，将来随着米粉数量的持续增长，以上相关产品的销售也
成为小米重要的收入和利润来源。很多购买小米手机的用户，
都会在小米网站同时购买了多款小米手机后盖、小米电池、存
储卡、贴膜、小米盒子、小米电视等的相关产品。而且凭借消
费者追求原厂的心理，小米手机相关产品的定价比市场平均价
格要高很多，相关产品和配件的销售同样为小米手机带来巨大
的收益，相关的软件收入也会逐渐增长。

五是擅长融入风险投资。

一般而论，高科技企业的发展需要大量资金，仅仅依靠自有资金来发展是十分困难的。我国绝大多数高科技中小企业的创业资本，主要是通过自我积累和群体聚集形成的，其来源大多为个人储蓄及家庭、朋友、个人投资等，而在资本市场筹集十分困难。企业进入股票市场的门槛较高，针对中小企业的二板市场仍处于起步阶段，债券融资受到发行条件的严格限制，大多数高科技中小企业因其规模和业绩而很难挤进证券市场的大门。我国商业银行贷款也很困难。由于中小科技企业信用水平不高，以抵押为代价成了它们取得贷款的基本形式，但这类企业可供抵押的资产相对较少，加之财务制度不健全，破产率比较高，多数商业银行认为其风险太高而产生惜贷现象。再有我国财政资金的资助对象主要是国有大中型企业，高科技中小企业，特别是民营企业很难有机会从地方财政取得资金支持。这些原因，直接导致了高科技企业发展缓慢。

而移动互联网时代，快速发展是企业成功的关键，而要做到快鱼吃慢鱼，就必须借助资本的力量来实现迅猛的扩张。因此，高科技企业只有与风险投资联手，才能实现快速发展。

小米的创始人雷军，本身就是风险投资人，十分清楚风险投资的战略意义。因此，小米公司创立伊始，就特别注意引入风险投资。小米公司早在 2010 年年底完成第一轮融资，金额为 4 100 万美元，投资方为 Morningside、启明和 IDG，估值 2.5 亿美元左右。2011 年 12 月，小米公司完成第二轮 9 000 万美元融资，投资方包括启明、IDG、顺为基金、淡马锡、高通、Morningside。2012 年 6 月 26 日，经过第三轮融资，小米公司宣布，成功融资 2.16 亿美元。2013 年、2014 年小米又经过两轮融资，小米估值达 400 亿美元。400 亿美元融资意味着在中国互联网公司中，截至 2014 年 11 月 18 日，小米估值仅次于阿里巴巴

（2 861亿美元）、腾讯（1 520亿美元）、百度（411亿美元），名列第四，已然超过新浪（26亿美元）、搜狐（19亿美元）、优酷（45亿美元）等大多数老牌互联网企业。同时，在手机行业中，400亿美元的估值也超过了黑莓（58亿美元），甚至超过了曾经统治手机行业的诺基亚市值（293亿美元）。

正是因为小米的多轮融资，使小米公司有了充裕的资本来进行手机研发、设计、生产和推广，仅仅在三年的时间里，就发展成销售额超过300亿元的成功企业。

另一个反面案例，就是风行一时的魅族手机。早在2009年1月15日，魅族从工信部拿到了手机入网许可证，并在2009年2月18日，魅族M8正式在全国发售。当时，几乎每家魅族专卖店的门口，都有人早早排起了购机的长队。这样的盛况，只在美国苹果公司的iPhone手机上市时才看得到。而魅族公司的最新产品魅族M9首发当天，更是在北京、上海、广州、深圳地区引发了上千人排队购买的场景。全国预订魅族M9的人数之多，导致魅族M9到2011年4月1日才正常供货。期间整整4个月，市场完全是供不应求。魅族M8推出仅仅两个月，销量就已达到10万部，短短5个月，销售额就已突破5亿元。在2009年其他的国产手机厂商几乎全线亏损、哀鸿遍地的背景下，魅族M8手机逆市崛起，创造了一部手机的神话。

当时，著名风险投资公司IDG准备与魅族公司合作，而小米公司尚未成立。但是一心扑在技术上的魅族创始人黄章，并没有认识到风险投资的重要性，并认为风险投资公司是机会主义，是投机分子。这样的认识，导致魅族公司没有接受任何一笔风险投资，错失了迅速发展的战略机遇。时至今日，魅族2013年的销售额在50亿元左右，而同期内小米公布的销售额是316亿元，魅族被资本扶助的小米远远地甩在了后面。

9.3 小米未来的争霸之路

目前智能手机行业竞争激烈，而且愈演愈烈，国际智能手机生产巨头已经进入"战国时代"，小米公司面临来自外部和内部的严重挑战。

一是小米公司面临外部更为激烈的市场竞争。

三星、苹果、黑莓和 HTC 等手机巨头，市场占有率超过了75%。苹果公司依靠产品创新和强大的营销能力成为了市场上的最大赢家，是智能手机领域利润的最大获得者。三星抓住智能手机发展的机遇，迅速抢占市场份额，现在已成为最大的智能手机厂商。

谷歌公司 2012 年 10 月发布了与小米 2 手机配置相当的 Nexus4 智能手机，这款搭载最新安卓操作系统、四核处理器、2GBRAM 及 4.7 英寸的智能手机定价约合人民币 1 900 元，拥有纯种的谷歌血统，看上去更吸引人。谷歌的"杀价"打乱了小米公司的"期货"操盘计划。同时三星、摩托罗拉、HTC 等安卓阵营的主力品牌手机，也迅速进入降价通道，同期发布的华为四核智能手机，价格也仅 1 888 元。随着主流四核安卓手机纷纷进入 2 000 元价位时，小米的性价比优势将不复存在。如何持续保持价格优势，或者失去了价格优势后的小米拿什么来 hold（把握）住手机发烧友，是小米未来必须面临的最大挑战。

在国内，华为、中兴、酷派通过与移动运营商的合作，实现规模化销售，在低端智能手机市场占有巨大的市场份额。以华为为例，华为 2013 年智能手机出货量达 5 200 万部。有数据显示，2013 年第一季度全球智能手机出货量达 2.1 亿部，仅三星一家销量就达 6 500 万部。国际数据公司称，2013 年全球智能手机出货量总计达 10.04 亿部，比 2012 年增长 38.4%。整个手机市场的出货量达到 18 亿部，其中智能手机占了 55%。

此外，还有像魅族这样通过其独特的产品文化定位和建设，成为智能手机市场上独特的力量，受到一部分人的追捧。而小米手机所处的价格区间 1 000~3 000 元，刚好是处于产品关注度最好的区间，竞争更为激烈。

对小米手机来说，不仅要面临与各大手机硬件厂商竞争，同时还面临着互联网企业及移动运营商的潜在竞争威胁。国内几大互联网企业早就对智能手机行业虎视眈眈。一方面，他们希望通过自己互联网产品的优势打开智能手机市场；另一方面，他们也希望通过打开智能手机市场来巩固自己在移动互联网领域的优势。因此，阿里巴巴宣布推出阿里云手机，百度携手戴尔推出百度易平台手机，而腾讯也屡次传出与手机厂商合作推出智能手机的消息，新浪则与 HTC 合作推出了微博手机。虽然这些互联网企业的智能手机之路目前都走得跟跟跄跄，但是他们拥有着庞大的用户基数、用户黏性极强的产品、庞大的现金流和完善的公司管理机制，一旦他们发力进入智能手机行业，必将给定位于互联网企业的小米公司造成巨大的竞争压力。

二是小米公司内部运营存在瓶颈。

①供应链成本控制和及时供货的冲突。

目前小米较难有效主导供应链。苹果公司一直控制着自身的供应链，而小米一直以"性价比"来发展供应链。因此，苹果公司以产品的质量、设计和口碑来获取市场份额，通过大规模的订单，特别是分散供应商来有效压缩成本，最后是以高价策略来获得巨大的利润。而随着小米规模的扩大，为了实现销量就不得不控制成本，为了控制成本就必须在供应链上选择最具"性价比"的供应商和元件。

但是，性价比的供应链是以市场上的滞后为代价的，结果就是产能迟迟无法满足市场需求，导致小米某种程度上不得不饥饿营销。但由于华为、魅族等竞争对手的出现，小米并非不可替代，而米粉们长时间的等待，最终会耗尽多数人的耐心，甚至出现反感，从而转过来购买其他品牌的智能手机。

②售后成小米软肋。

传统手机厂商往往有广大的经销售后网点来销售手机和提供维修服务。但是，小米则是通过网络预订来实现销售。小米公司只有为数不多的服务站和签约维修点，其他城市的小米手机用户，只能通过快递返厂的方法换机或者维修手机。另外，小米公布的三大售后途径，服务体验并不理想：电话客服很难打入、微博客服和在线客服受理状况也不佳。缺乏足够的售后服务网点，很难保证小米手机的服务质量。而售后服务网点不是一朝一夕就能建成的，这需要大量的时间和资金。短期内这会影响到小米手机用户的体验，进而影响到市场的潜在购买的需求。

③尚未形成当下的核心竞争力。

苹果公司为什么强大，就在于其拥有强大的核心竞争力，而核心竞争力是不可替代的。综观小米的技术创新和商业模式，都没有形成进入壁垒，更不是不可替代。

比如小米立志做"铁人三项"，即硬件、软件、服务，但到目前为止，市场真正关注度比较高还只是小米手机。小米手机基本上是小米公司主要的利润来源，这种单一盈利产品的风险比较大。客观地说，小米手机本身并无核心技术，就是贴牌组装生产；MIUI操作系统不过是安卓改良版；饥饿营销也并非不可替代，安卓手机同质化越来越厉害；高性价比更不是核心竞争力，华为的低价智能产品正在冲击其主要细分市场；互联网营销模式也不是不可替代，开放的互联网，任何企业都可以以之为平台进行营销。

在华为、魅族等众多厂商推出高性比的智能手机时，小米手机又如何来体现它的高性价比优势？如果不能确保这种优势，其可持续发展难以预期。

9.4　品评小米之路

小米手机的成功，本质上是用互联网的方式来经营手机。小米公司的创始人，通过打造顶尖团队，借助资本的力量，以互联网方式来研发、生产和营销高性价比的低端智能手机，从而在短短三年的时间里一飞冲天。

某种意义上，因为互联网方式的手机经营模式，小米智能手机实现了当年山寨手机的快速反应，也实现了快速发展。两者的区别在于，山寨手机没有品牌，没有形成自己的品牌壁垒，也就不可能把竞争对手有效狙击，所以来的快，也去的快。而小米手机，从一开始"摔手机"，就十分重视品牌的打造，从而可以形成一个比较稳定的用户群落。

当然，随着竞争对手开始进入到低端智能手机市场，如果小米不能尽快形成自己的核心竞争力，其现有优势将迅速冰消瓦解。小米未来的出路不在硬件上，而在软件创新上，只有软件能够形成技术专利壁垒，才能真正保护自己的市场利基，并实现持续的发展。

10 结论与展望

10.1 研究结论

供应链合作创新是现代企业进行创新活动的重要模式，但由于合作成员的双边道德风险、利益分配或成本分摊机制不合理，合作关系在建立 6 个月内即宣告失败的比率高达 60%，以往我国企业合作创新成功率也只有 50% 左右。针对这一现象，本书研究了存在双边道德风险、溢出效应的供应链合作创新，在供应链企业的合作创新中如何通过合理的利益分配方式、成本分摊方式和合作方式选择，设计出切实可行的合作创新机制，防范合作创新的双边道德风险，促使合作成员如实揭示其私人信息、增加研发投入或提高努力付出的程度，促进合作创新的成功。研究得出以下主要结论：

①在供应链企业与科研机构或高校的合作创新中，可以通过制定一种不可再协商的契约，并在此基础上设计一种合作创新序列机制，在该序列机制下，只要企业的讨价还价能力足够大且研发机构面临对其不诚实行为的处罚时，合作双方就不会为了特定的目的修改契约，同时，合作创新的双方还会在合作前真实揭露其类型并在合作过程中按契约进行投资。

②在由一个上游寡头垄断企业和多个下游企业组成的两级供应链中，供应链纵向合作创新会降低最终产品价格，提高最终产品的产量，增加最终产品购买者的消费者剩余；合作创新在提高上游企业和下游合作企业利润的同时，降低了下游非合作企业的利润，即下游非合作企业的部分利润转移到了上游企业和下游合作企业，因此，只要创新投入成本分摊比例设置适当，上、下游企业均有强烈的动机进行合作创新。

③在存在双向溢出效应的供应链纵向合作创新中，纵向合作创新以及上游企业间的合作创新有利于提高企业创新投入和产量以及消费者剩余，但也可能会降低企业利润；供应链上游企业间的创新溢出效应以及供应链上、下游企业间的创新溢出效应有利于提高企业创新投入和社会福利，但下游企业间的溢出效应需在有下游企业合作创新或下游企业间的溢出效应较小的情况下才有利于提高企业创新投入和社会福利。因此，鉴于我国创新横向溢出效应较大的现状，政府应对供应链上的各种合作创新模式进行扶持，必要时可对其进行补贴，并促进创新人员和信息在上游产业内和上下游产业间的流动，以提高溢出效应，激励企业增加创新投入，提高社会福利。

④在存在混合溢出的供应链纵向合作创新中，由于增加溢出效应有利于提高所有企业的利润，因此，供应链上、下游企业均应采取完全溢出策略。完全合作模式对于企业、消费者乃至整个社会而言都是一种最优的合作模式，但如果不能设计出一种合适利润分配机制来制定中间产品转移价格，则可能会使得完全合作无法顺利，因此，供应链上、下游企业应采用按创新投入比例分配利润增量的方法促进供应链上创新及产量的完全合作的实施。

⑤只有围绕供应链来进行企业技术创新的战略布局，企业才能好风凭借力，通过供应链上众多企业的能力和资源，迅速

借助整个产业发展的机遇来实现企业自己的快速发展。联科发的成功在于能够抓住新的市场机会，找准自己的利基，在潜在市场爆发前全力投入研发，专注特定领域研发，与供应链上的其他企业形成战略联盟，从而实现快速扩张。山寨手机的成功在于借助供应链上完善的配套，特别是借助联科发的基带芯片技术的一站式解决方案，突出自身的外观功能设计，以快速反应和低廉的价格来赢得市场。小米的成功在于，在市场爆发之前，提前布局，以移动互联网的方式来设计、生产、营销自己的品牌智能手机。同时，它们的经历也证明了，在信息时代，技术创新永远不是一劳永逸，要持续创新，就必须形成强有力的战略联盟，在供应链上提前布局，来形成自己的战略优势。

10.2　研究展望

在供应链纵向合作创新机制设计方面，还有很多值得继续深入研究的内容，包括：

①所有企业均以自身利润最大化或整个合作创新利润最大化为目标进行决策。事实上，当供应链合作创新企业大于 2 时，合作创新中部分成员就有进行合谋的动机，以整个合作创新利益的损失换取他们的收益，如供应商合谋抬高中间产品价格，或者是生产商合谋压低中间产品价格。合作创新成员间的合谋会导致合作创新效率低下甚至失败。因此有必要进一步研究能否设计出既能激励合作创新伙伴积极投入，又可以防止合谋行为产生的激励机制。

②本书研究了存在溢出效应（即创新的外部性）环境下的供应链纵向合作创新机制设计。事实上，很多产品不仅在创新中存在外部性特征，在消费过程中也存在外部性特征，如即时

通讯软件，电讯或网络服务等。这些产品消费者的效用会随该产品用户人数的增加而提高，一般称为"网络外部性"，产品的网络外部性也会对企业的创新及生产策略产生很大阻碍，因此，有必要对网络外部性及溢出效应环境下的供应链合作创新机制进行研究。

③本书主要是从企业角度进行研究，企业的目标是自身利润最大化，因此，企业的很多决策不能实现整个社会福利的最大化，这就出现了"市场失灵"，需要政府进行干预和调节，如采用财政补贴或税收激励等，促进企业决策的帕累托改进，增加社会福利。政府在供应链纵向合作创新中的激励措施设计也是本书进一步研究的方向。

参考文献

1. 艾凤义，侯光明. 纵向研发合作中的收益分配和成本分担机制 [J]. 中国管理科学，2004，12（6）.

2. 陈一君. 基于战略联盟的相互信任问题探讨 [J]. 科研管理，2004，25（5）.

3. 崔新健，宫亮亮. 跨国公司在中国选择高校 R&D 合作伙伴的影响因素 [J]. 中国软科学，2008，23（1）.

4. 傅家骥，姜彦福，雷家马肃. 技术创新—中国企业发展之路 [M]. 北京：企业管理出版社，1992.

5. 龚艳萍，周育生. 基于 R&D 溢出的企业合作研发行为分析 [J]. 系统工程，2002，20（5）.

6. 顾佳峰. 基于交易成本的高校产学合作创新管理机制研究 [J]. 研究与发展管理，2008，20（4）.

7. 郭晓川. 企业网络合作化技术创新及其模式比较 [J]. 科学管理研究，1998，（10）.

8. 侯光明，艾凤义. 基于混合溢出的双寡头横向 R&D 合作 [J]. 管理工程学报，2006，20（4）.

9. 黄波，孟卫东，李宇雨. 基于双向溢出效应的供应链合作研发博弈模型 [J]. 科技管理研究，2009，29（3）.

10. 黄波，孟卫东，任玉珑. 供应链纵向合作研发投资策略研究 [J]. 科技管理研究，2008，28（10）.

11. 黄波，孟卫东，任玉珑. 基于投资溢出的并行研发联盟成员投资策略研究［J］. 预测，2009，28（2）.

12. 霍沛军，陈剑，陈继祥. 双寡头 R&D 合作与非合作时的最优溢出［J］. 中国管理科学，2002，10（6）.

13. 嵇忆虹，吴伟，朱庆华. 产学研合作的利益分配方式分析［J］. 研究与发展管理，1999，11（1）.

14. 李东红. 企业联盟研发：风险与防范［J］. 中国软科学，2002，（10）.

15. 李平. 技术扩散理论及实证研究［M］. 太原：山西经济出版社，1990.

16. 李文鹣，孙林杰，谢刚. 借鉴国际经验透视我国政府在中小企业产学研中的作用［J］. 研究与发展管理，2005，17（4）.

17. 李勇，张异，杨秀苕，但斌，朱淘. 供应链中制造商-供应商合作研发博弈模型［J］. 系统工程学报，2005，20（1）.

18. 刘宏，杨克华. 市场结构与合作技术创新行为关系研究［J］. 科学学与科学技术管理，2003，24（6）.

19. 刘莉，仲伟俊，张晓琪. 制造商—供应商联合零部件开发规制结构分析［J］，中国科技论坛，2002，（2）.

20. 刘学，王兴猛，江岚，等. 信任、关系、控制与研发联盟绩效：基于中国制药产业的研究［J］. 南开管理评论，2008，11（3）.

21. 鲁若愚，傅家骥，王念星. 校企合作创新的属性演化及对分配方式的影响［J］. 中国软科学，2003，（10）.

22. 吕海萍，龚建立，王飞绒，卫非. 产学研相结合的动力——障碍机制实证分析［J］. 研究与发展管理，2004，16（2）.

23. 罗利，鲁若愚. Shapley 值在产学研合作利益分配博弈分析中的应用［J］. 软科学，2001，15（2）.

24. 罗利，鲁若愚. 产学研合作对策模型研究［J］. 管理工程学报，2002，14（2）.

25. 马亚男. 大学——企业基于知识共享的合作创新激励机制设计研究［J］. 管理工程学报，2008，22（4）.

26. 裴学敏，陈金贤. 知识资产对合作创新过程的影响分析［J］. 科研管理，1999，（1）.

27. 祁红梅，黄瑞华，彭晓春. 基于合作创新的知识产权冲突道德风险分析［J］. 科学管理研究，2005，23（1）.

28. 祁红梅，黄瑞华. 动态联盟形成阶段知识产权冲突及激励对策研究［J］. 研究与发展管理，2004，16（4）.

29. 任培民，赵树然. 期权——博弈整体方法与产学研结合利益最优分配［J］. 科研管理，2008，29（6）.

30. 施培公. 后发优势：模仿创新的理论与实证研究［M］. 北京：清华大学出版社，1999.

31. 苏中锋，谢恩，李垣. 基于不同动机的联盟控制方式选择对联盟绩效的影响——中国企业联盟的实证分析［J］. 南开管理评论，2007，10（5）.

32. 苏中锋，谢恩，李垣. 基于不同动机的联盟控制方式选择对联盟绩效的影响——中国企业联盟的实证分析［J］. 南开管理评论，2007，10（5）.

33. 孙红侠，李仕明. 并行研发联盟中合作伙伴资源投入决策分析［J］. 预测，2005，24（2）.

34. 王安宇，司春林，骆品亮. 研发外包中的关系契约［J］. 科研管理，2006，27（6）.

35. 王良，杨乃定. R&D 联盟条件下基于 FMGTS 评价的 R&D 项目合作成员选择［J］. 中国管理科学，2005，13（6）.

36. 王伟强，吴晓波，许庆瑞. 技术创新的学习模式［J］. 科技管理研究，1993，（5）.

37. 魏斌，江应洛. 知识创新团队激励机制设计研究［J］. 管理工程学报，2002，16（3）.

38. 吴华清，梁樑，古继宝. 基于关系契约的长期研发合作机制研究［J］. 科学学研究，2007，25（2）.

39. 吴秀波. 美、日、欧政府资助企业间合作 R&D 的绩效分析——基于微观计量经济学评价模型的文献回顾［J］. 科学管理研究，2006，24（6）.

40. 吴秀波. 日本、韩国激励合作 R&D 的政策绩效比较及启示［J］. 中国科技论坛，2005，20（5）.

41. 许庆瑞，蒋键，郑刚. 供应商参与技术创新研究［J］，中国地质大学学报，2004，4（6）.

42. 许香存，李平，曾勇. 中国股票市场开放式集合竞价对波动性影响的实证研究［J］. 金融研究，2007，（7）.

43. 杨仕辉，熊艳，王红玲. 吸收能力、研发合作创新激励与补贴政策［J］. 中国管理科学，2003，11（1）.

44. 詹美求，潘杰义. 校企合作创新利益分配问题的博弈分析［J］. 科研管理，2008，29（1）.

45. 张宝贵. 基于第三方担保的研发联盟风险防范机制研究［J］. 科学学研究，2007，25（1）.

46. 张钢. 企业组织创新过程中的学习机制及知识管理［J］. 科研管理，1999，（3）.

47. 张青山，游明忠. 企业动态联盟的协调机制［J］. 中国管理科学，2003，11（4）.

48. 张义芳，翟立新. 产学研研发联盟：国际经验及我国对策［J］. 科研管理，2008，29（5）.

49. 朱少英，齐二石. 技术联盟合作创新的信誉机制研究［J］. 科学管理研究，2008，26（1）.

50. Acwort E. B. University-industry engagement：The formation

of the Knowledge Integration Community (KIC) model at the Cambridge-MIT Institute [J]. Research Policy, 2008, 37 (8).

51. Alvi E., Mukherjee D., Eid A. Do Patent Protection and Technology Transfer Facilitate R&D in Developed and Emerging Countries? A Semiparametric Study [J]. Atlantic Economic Journal, 2007, 35 (2).

52. Amaldoss W. Collaboration to compete [J]. Marketing Science, 2000, 19 (2).

53. Amir R., Jim Y. J., Troege M. On additive spillovers and returns to scale in R&D [J]. International Journal of Industrial Organization, 2008, 26 (3).

54. Arend R. Obtaining R&D Joint Venture Co-operation Under Prisoners' Dilemma Incentives: Logic and Experiment [J]. European Management Journal, 2005, 23 (5).

55. Arrow K. J. Essays in the theory of risk bearing [M]. North Holland.

56. Bachmann R., Schindele I. R&D Incentives, Reputation, and Syndication in Venture Capital Contracting [Z]. Working Paper, 2005.

57. Badaracco J. L. The Knowledge Link: How Firms Compete Through Strategic Alliances [M]. Boston: Harvard Business School Press, 1991.

58. Bagchi-Sen S. Firm-specific characteristics of R&D collaborators and non-collaborators in US biotechnology clusters and elsewhere [J]. International Journal of Technology and Globalization, 2004, 1 (1).

59. Bai Y. P., O'Brien G. C. The strategic motives behind firm's engagement in cooperative research and development: A new ex-

planation from four theoretical perspectives [J]. Journal of Modelling in Management, 2008, 3 (2).

60. Banerjee, S., Lin, P. Vertical research joint ventures [J]. International Journal of Industrial Organization, 2001, 19 (1-2).

61. Beers C., Berghäll E., Poot T. R&D internationalization, R&D collaboration and public knowledge institutions in small economies: Evidence from Finland and the Netherlands [J]. Research Policy, 2008, 37 (2).

62. Bergmann R., Friedl G. Controlling innovative projects with moral hazard and asymmetric information [J]. Research Policy, 2008, 37 (9): 1504-1514.

63. Boateng A. Glaister K. W. Strategic motives for international joint venture formation in Ghanal [J]. Management International Review, 2003, 43 (2).

64. Bondt R., Veugelers R. Strategic investment with spillovers [J]. European Journal of Political Economy, 1991, 7 (3).

65. Bondt R., Slaets P., Cassiman B. The degree of spillovers and the number of rivals for maximum effective R&D [J]. International Journal of Industrial Organization, 1992, 10 (1).

66. Bouroche, Myriam. Technology Exchange in the Information Age: A Guide to Successful Cooperative R&D Partnerships [J]. SRA Journal, Summer, 1999.

67. Buckley N., Mestelman S., Mohamed Shehata M. Subsidizing public inputs [J]. Journal of Public Economics, 2003, 87 (3-4).

68. Cabral L. M. B. Umbrella branding with imperfect observability and moral hazard [J]. International Journal of Industrial Organizatio n, 2009, 27 (2).

69. Cabrer-Borras B. , Serrano-Domingo G. Innovation and R&D spillover effects in Spanish regions: a spatial approach [J]. Rese arch Policy, 2007, 36 (9).

70. Canto J. G. D. , González I. S. A resource-based analysis of the factors determining a firm's R&D activities [J]. Research Policy, 1999, 28 (8).

71. Caves R E. The imperfectMarket for technology Licenses [J]. Oxford Bulletin of Economics, 1983, 6 (8).

72. Cellinia R. , Lambertini L. Dynamic R&D with spillovers: Competition vs cooperation [J]. Journal of Economic Dynamics and Control, 2008, 33 (3).

73. Cellinia R. , Lambertini L. Dynamic R&D with spillovers: Competition vs cooperation [J]. Journal of Economic Dynamics and Control, 2008, 33 (3).

74. Chang S. L. , Wang R. C. , Wang S. Y. Applying fuzzy linguistic quantifier to select supply chain partners at different phases of product life cycle [J]. International Journal of Production Economics, 2006, 100 (2).

75. Chen C. J. The effects of environment and partner characteristics on the choice of alliance forms [J]. International Journal of Project Management, 2003, 21 (2).

76. Choi J. H. , Chang Y. S. , Han I. The empirical analysis of the N-bilateral optimized combinatorial auction model [J]. Omega, 2009, 37 (2).

77. Choi, Jay Pil. An analysis of cooperative R&D [A]. Working paper, Department of Economics, Harvard University. 1989.

78. Choi, Jay. Pil. Cooperative R&D with product market competition [J]. Internation Journal of Industrial Organization, 1993,

11 (4).

79. Claudio Piga, Joanna Poyago – Theotoky. Endogenous R&D spillovers and locational choice [J]. Regional Science and Urban Economics, 2005, 35 (2).

80. Coase R. H. The nature of the firm [J]. Economica, 1937, (4).

81. Coe D. T., Helpman E., Hoffmaister A. W. International R&D spillovers and institutions [Z]. NBER Working Paper. 2008.

82. Cooper R., Ross T. W. Product warranties and double moral hazard [J]. RAND Journal of Economics, 1985, 16 (1).

83. Crama P., Reyck B. D., Degraeve Z. Milestone Payments or Royalties? Contract Design for R&D Licensing [J]. Operations Research, 2008, 56 (6).

84. Cyert, Goodman. Creating Effective University–Industry Alliances: An Organizational Learning Perspective" [J]. Organizational Dynamics, S pring. 1997.

85. D. littler, F. Leverick, M. Bruce. Factors affecting the process of collaborative product development, Journal of product Innovation Management [J]. 1995, 12 (1).

86. D' Aspremont C., Jacquemin A. Cooperative and noncooperative R&D in duopoly with spillovers: erratum [J]. American Economic Review, 1990, 80 (3).

87. D' Aspremont C., Jacquemin A. Cooperative and noncooperative R&D in duopoly with spillovers [J]. American Economic Review, 1988, 78 (5).

88. D' Este P., Patel P. University – industry linkages in the UK: What are the factors underlying the variety of interactions with industry? [J]. Research Policy, 2007, 36 (9).

89. Damiano Bruno Silipo, Avi Weiss. Cooperation and competition in an R&D market with spillovers [J]. Research in Economics, 2005, 59 (1).

90. Dasgupta P., Maskin E. S. On The Robustness of Majority Rule [J]. Journal of the European Economic Association, 2008, 6 (5).

91. Davis J. P. How do organizations manage collaborative innovation? A proposal to study the organization of inter-firm collaboration networks [Z]. unpublished manuscript, Stanford University. 2005.

92. DeBondt R, Wu C. WU. Research joint venture cartels and welfare [A]. R&D cooperation: theory and pratice (in J. Poyago - Theotoky (Ed.)) [M]. London: MacMillan, 1997.

93. Demski, Sappington. Resolving double moral hazard problems with buyout agreements [J], RAND Journal of Economics, 1991, 22 (2).

94. Dickson P. H., Weaver K. M., Hoy F. Opportunism in the R&D alliances of SMES: The roles of the institutional environment and SME size [J]. Journal of Business Venturing, 2006, 21 (4).

95. Ding J. F., Liang G. S. Using fuzzy MCDM to select partners of strategic alliances for liner shipping [J]. Information Sciences, 2005, 173 (1-3).

96. Dinneen G. P. R&D consortia: Are they working [J]. Research & Development, 1988, 30 (6).

97. Doia J., Mino K. Technological spillovers and patterns of growth with sector-specific R&D [J]. Journal of Macroeconomics, 2005, 27 (4).

98. Doz Y., Hamel G. Alliance Advantage: The art of creating value through partnering [M]. Boston, MA: Harvard Business

School Press, 1998.

99. Dunning H. J., Lundan S. M. The internationalization of corporate R&D: A review of the evidence and some policy implications for home countries [J]. Review of Policy Research, 2009, 26 (1-2).

100. Feldmann H. Business regulation, labor force participation and employment in industrial countries [J]. Journal of Economics and Business, 2009, 61 (3).

101. Feng H. L. Green Payments and Dual Policy Goals [Z]. Working Paper 2007.

102. Ferrary M. Strategic spin-off: a new incentive contract for managing R&D researchers [J]. The Journal of Technology Transfer, 2008, 33 (6).

103. Flight R. L., Henley J. R., Robicheaux R. A. A market-level model of relationship regulation [J]. Journal of Business Research, 2008, 61 (8).

104. Fontana R, Geuna A., Matt M. Factors affecting university -industry R&D projects: The importance of searching, screening and signalling [J]. Research Policy, 2006, 35 (2).

105. Fulop L., Couchman P. Facing up to the risks in commercially focused university-industry R&D partnerships [J]. Higher Education Research & Development, 2006, 25 (2).

106. Ge Z. H., Hu Q. Y. Collaboration in R&D activities: Firm -specific decisions [J]. European Journal of Operational Research, 2008, 185 (2).

107. Geng Q., Townley C, Huang K, Zhang J. Comparative knowledge management: A pilot study of Chinese and American universities [J]. Journal of the American Society for Information Science

and Technology, 2005, 56 (10).

108. Gibbard A. Manipulation of Voting Schemes: A General Result [J]. Econometrica, 1973, 41.

109. Godwin Arku. Collaboration in industry: Empirical findings among small electronics manufacturing firms in the Greater Toronto Area [J]. GeoJournal, 2002, 57 (8).

110. Gorodnichenko Y., Svejnar J., Terrell K. Vertical and Horizontal Spillovers: do Institutions Matter? [Z]. mimeo. 2006.

111. Gulati R. Does familiarity breed trust? The implications of repeated ties for contractual choice in alliances [J]. Academy of management journal, 1995, 38.

112. Gulati, Singh. The architecture of cooperation: Managing coordination costs and approp riati on concerns in strategic alliances [J]. Administrative Science Quarterly, 1998, 43 (4).

113. Hacklin F., Marxt C., Fahrni F. Strategic venture partner selection for collaborative innovation in production systems: A decision support system-based approach [J]. International Journal of Production Economics, 2006, 104 (1).

114. Hagedoorn J., Kranenburg H. Growth patterns in R&D partnerships: an exploratory statistical study [J]. International Journal of Industrial Organization, 2003, 21 (4).

115. Hagedoorn J., Narula R. Choosing organizational modes of strategic technology partnering: International sectoral differences [J]. Journal of International Business Studies, 1996, 27.

116. Hall, Link, Scott. Barriers inhibiting industry from partnering with universities: evidence from the advanced technology program [J]. Technology transfer, 2001, (1).

117. Hamel G. Competition for competence and interpartner

learning within international strategic alliances [J]. Strategic Management Journal, 1991, 12 (1).

118. Hamel G., Doz Y. L., Prahalad C. K. Collaborate with your competitors and win [J]. Harvard Business Review, 1989, 67.

119. Harabi N. Vertical relations between firms and innovation: An empirical investigation of German firms [Z]. ZEW discussion 1997, 97-10.

120. Harabi N. Vertical relations between firms and innovation: An empirical investigation of German firms [Z]. ZEW discussion 1997, 97-10.

121. Hinloopen J., Vandekerckhove J. Dynamic efficiency of Cournot and Bertrand competition: input versus output spillovers [J]. Journal of Economics, 2009, 98 (2).

122. Hitt M. A., Ireland R. D., Hoskisson R. E. Strategic Management: Competitiveness and Globalization [M]. Thomson South-Western. 2005.

123. Huang Y., Lin C., Lin, H. Techno-economic Effect of R&D Outsourcing Strategy for Small and Medium-sized Enterprises: A Resource-Based Viewpoint [J]. International Journal of Innovation and Incubation, 2005, 2 (1).

124. Huggins R., Demirbag M., Ratcheva V. I. Global knowledge and R&D foreign direct investment flows: Recent patterns in Asia Pacific, Europe, and North America [J]. International Review of Applied Economics, 2007, 21 (3).

125. Hurwicz L. Optimality and Informational Efficiency in Resource Allocation Processes, in Arrow, Karlin and Suppes (eds.) [M]. Mathematical Methods in the Social Sciences, Stanford Univer-

sity Press. 1960.

126. Ingham, Mothe. How to Learn in R&D Partnerships? [J].
R&D Management, 1998, 28.

127. Ishii A. Cooperative R&D between vertically related firms
with spillovers [J]. International Journal of Industrial Organization,
2004, 22 (8-9).

128. Ishii A. Cooperative R&D between vertically related firms
with spillovers [J]. International Journal of Industrial Organization,
2004, 22 (8-9).

129. Iyer K. Learning in strategic alliances: an evolutionary per-
spective [J]. Academy of Marketing Science Review, 2002, (10).

130. Johnson W. H. A., Johnston D. A. Organisational knowl-
edge creating processes and the performance of university - industry
collaborative R&D projects [J]. International Journal of Technology
Management, 2004, 27 (1).

131. K. R. Harrigan. Strategic alliances and partner asymme-
tries, Management International Review [J]. 1988, 28.

132. Kamien, Muller, Zang. Research Joint Ventures and R&D
Cartels [J]. American Economic Review, 1992, 82.

133. Karlsson C., Andersson M. The Location of Industry R&D
and the Location of University R&D - How Are They Related?, in
Karlsson, C., et al. (Eds.), Innovation, Dynamic Regions and
Regional Dynamics [M]. Berlin: Springer. 2006.

134. Katsoulacos Y, Ulph D. Endogenous spillovers and the per-
formance of research joint ventures [J]. Journal of Industrial Eco-
nomics, 1998, 46 (3).

135. Katz R, Michael L, Carl Shapiro. How to License Intangi-
ble Property [J], Quarterly Journal of Economics, 1986, 8.

136. Katz R., Rebentisch E. S., Allen T. J. A study of technology transfer in multinational cooperative joint venture [J]. IEEE Transaction on Engineering Management, 1996, 43 (1).

137. King D. R., Nowack M. L. The impact of government policy on technology transfer: an aircraft industry case study [J]. Journal of Engineering and Technology Management, 2003, 20 (4).

138. Kogut B. Joint ventures: theoretical and empirical perspectives [J]. Strategic Management Journal, 1988, 9 (3).

139. Koljatic M., Silva M. Uncertainty reduction mechanisms in cross-sector alliances in Latin America [J]. Journal of Business Research, 2008, 61 (6).

140. Kory Kroft K. Takeup, social multipliers and optimal social insurance [J]. Journal of Public Economics, 2008, 92 (3-4).

141. Kotowitz Y. Moral Hazard, in Eatwell J., Milgate M., Newman P. (Eds), The new palgrave: A dictionary of economics [M]. London: The Macmillan Press, 1987.

142. Krishnan R., Martin X., Noorderhaven N. G. When does trust matter to alliance performance? [J]. Academy of Management Journal, 2006, 49 (5).

143. LaBahn, Krapfel. Early supplier involvement in customer new product development-A contingency model of component supplier intentions [J]. Journal of Business Research, 2000, 47 (3).

144. Leahy D., Neary J. P. Absorptive capacity, R&D spillovers, and public policy [J]. International Journal of Industrial Organization, 2007, 25 (5).

145. Lee J., Win H. N. Technology transfer between university research centers and industry in Singapore [J]. Technovation, 2007, 24 (5).

146. Levy R. , Roux P. , Wolff S. An analysis of science-industry collaborative patterns in a large European University [J]. The Journal of Technology Transfer, 2009, 34 (1).

147. Li D. , Eden L. , Hitt M. A. , Ireland R. D. Friends, Acquaintances, or Strangers? Partner Selection in R&D Alliances [J]. The Academy of Management Journal, 2008, 51 (2).

148. Licht G. Zoz K. Patents and R&D, An Econometric investigation using applications for German, European and US patents by German firms, in D. Encaoua, B. Hall, F. Laisney and J. Mairesse (eds.) , The economics and econometrics of innovation [M]. Boston: Kluwer Academic Publishers. 2000.

149. Liu C. X. , Tian H. P. , Sun J. P. Incentive Contract in R&D Outsourcing Under Asymmetric Information: A Moral Hazard Framework [C]. Wireless Communications, Networking and Mobile Computing. 2007.

150. Löfsten H. , Lindelöf P. R&D networks and product innovation patterns – academic and non – academic new technology – based firms on Science Parks [J]. Technovation, 2005, 25 (9).

151. López A. Determinants of R&D cooperation: Evidence from Spanish manufacturing firms [J]. International Journal of Industrial Organization, 2008, 26 (1).

152. Lopez – Fernandez C. , Serrano – Bedia A. M. , Garcia – Piqueres G. Patterns of institutional cooperation in R&D for Spanish innovative firms in the manufacturing and service sectors [J]. Management Research News, 2008, 31 (11).

153. Love J. H. , Roper S. Internal Versus External R&D: A Study of R&D Choice with Sample Selection [J]. International Journal of the Economics of Business, 2002, 9 (2).

154. Marxt, Staufer, Bichsel. Innovation cooperation [J]. Journal of product Innovation Management, 1998, 5.

155. MacDougall. The Benefits and Costs of Private Investment form Abroad: A Theoretical Approach [J]. Economic Record, 1960, 36 (3).

156. MajewskiS. E., Williamson D. V. Incomplete Contracting and the Structure of R&D Joint Venture Contracts, in Libecap G. D. (eds.), Intellectual Property and Entrepreneurship [M]. Amsterdam: Elsevier. 2004.

157. Malik T. Is Patent- or Non-Patent Based Alliance an Effective Mechanism in University - Industry Biotechnological Innovation Diffusion? [Z]. Working Paper. 2008.

158. Mansfield E, Rapoport J, Romeo A, Wagner S. and Beardsley G. Social and Private Rates of Return from Industrial Innovation [J], Quart J Econom ics, 1997, 91 (may).

159. Marceau J. Divining directions for development: a cooperative industry-government-public sector research approach to establishing R&D priorities [J]. R&D Management, 2002, 32 (3).

160. Marin P. L., Siotis G. Market structure, competition, and innovation in the European and US chemical industries, in Cesaroni F., Gambardella, A., Garcia - Fontes, F. R&D (eds.), Innovation and competitiveness in the European chemical industry [M]. Amsterdam: Kluwer Publishers. 2004.

161. Maskin E. S. Mechanism Design: How to Implement Social Goals [J]. American Economic Review, 2008, 98 (3).

162. Maskin E. S. Nash equilibrium and welfare optimality [J]. Review of Economic Studies, 1977, 66.

163. Maskin E. S., Tirole J. Public - private partnerships and

government spending limits [J]. International Journal of Industrial Organization, 2008, 26 (2).

164. Mathewson, Wintel. The economics of franchise contracts [J]. Journal of Law and Economics, 1985, 28.

165. Mendez A. The coordination of globalized R&D activities through project teams organization: an exploratory empirical study [J]. Journal of World Business, 2003, 38 (2).

166. Mesquita L. F., Anand J., Brush T. H. Comparing the resource-based and relational views: knowledge transfer and spillover in vertical alliances [J]. Strategic Management Journal, 2008, 29 (9).

167. Mody A. Learning through alliance [J]. Journal of Economic Behavior and Organization, 1993, 20 (2).

168. Moingeon B., Edmondson A. Organizational learning and competitive advantage [M]. London: Sage Publications. 1996.

169. Morasch K. Moral hazard and optimal contract form for R&D cooperation [J]. Journal of Economic Behavior and Organization, 1995, 28 (1).

170. Mora - Valentin E. M., Angeles Montoro - Sanchez A., Guerras-Martin L. A. Determining factors in the success of R&D cooperative agreements between firms and research organizations [J]. Research Policy, 2004, 33 (1).

171. Mothe C., Queilin B. V. Resource creation and partnership in R&D consortia [J]. Journal of High Technology Management Research, 2001, 12 (1).

172. Mothe, Quelin. Creating new resources through European R&D Partnerships [J], Technology Analysis & Strategic Management, 1999, 3.

173. Mowery, David C. Economics Theory and Government Technology policy [J], Policy sciences, 1983, 7 (5).

174. Myerson R. B. Perspectives on Mechanism Design in Economic Theory [J]. American Economic Review, 2008, 98 (3).

175. Odagiri H. Transaction costs and capabilities as determinants of the R&D boundaries of the firm: a case study of the ten largest pharmaceutical firms in Japan [J]. Management and Decision Economics, 2003, 24 (2/3).

176. Olk P., Xin K. Changing the policy on government-industry cooperative R&D arrangements: lessons from the US effort [J]. International Journal of Technology Management, 1997, 13 (7-8).

177. Perez, Sandonis J. Disclosure of know - how in research joint ventures [J]. International Journal of Industrial Organisation, 1996, 15.

178. Petit and Tolwinski. R&D Cooperation or Competition [J], European Economic Review, 1999, 43.

179. Piga C., Poyago-Theotoky J. Endogenous R&D spillovers and locational choice [J]. Regional Science and Urban Economics, 2005, 35 (2).

180. Plewa C., Quester P. Satisfaction with university-industry relationships: the impact of commitment, trust and championship [J]. International Journal of Technology Transfer and Commercialisation, 2006, 5 (1-2).

181. Porter D., Rassenti S., Shobe W., Smith V., Winn A. The design, testing and implementation of Virginia's NOx allowance auction [J]. Journal of Economic Behavior & Organization, 2009, 69 (2).

182. Poyago-Theotoky Joanna. Equilibrium and Optimal Size of

A Research Joint Venture in an Oligopoly with Spillovers [J], The Journal of Industrial Economics, 1995, (2).

183. Ragatz, Handfield, Scannell. Success Factors for Integrating Suppliers into New Product Development [J]. JPROD INNOV MANAG, 1997, (14).

184. Rajeev K. Goel, Shoji Haruna. Cooperative and noncooperative R&D with spillovers: The case of labor-managed firms [J]. Economic Systems. 2007, 31 (4).

185. Razmi J., Ghaderi S. F., Ahmed P. K. Benchmarking partner selection: introducing the AHP method in the benchmarking process to define best practice partners [J]. International Journal of Management Practice. 2005, 1 (3).

186. Reid J. D. The Theory of Share Tenancy Revisited – Again [J]. Journal of Political Economy. 1977, 85 (2).

187. Ring P S. Net worked organization: A res ourced based pers pective [A]. Upp sala: Almquist and Wiskell I nternati onal. 1996.

188. Robertson, Gatignon. Technology Development Mode: A Transaction Cost Conceptualizations [J]. Sarategic Management Journal, 1998, 19.

189. Rokuhara A. R&D and Antimonopoly Policy [R]. Gyosei, Tokyo. 1985.

190. Rudi B. Intellectual Property Rights, Strategic Technology Agreements and Market Structure: the Case of GSM [J]. Research Policy, 2002, 31 (7).

191. Ryall M. D., Sampson R. C. Contract Design for R&D Alliances under Ambiguity [Z]. Working Paper. 2007.

192. Sadowski B., Duysters G. Strategic technology alliance termination: An empirical investigation [J]. Journal of Engineering and

Technology Management, 2008, 25 (4).

193. Sakakibara M. Evaluating government-sponsored R&D consortia in Japan: who benefits and how? [J]. Research Policy. 1997, 26 (4-5).

194. Salmi P., Torkkeli M. Success factors of interorganisational knowledge transfer: a case of a collaborative public-private R&D project [J]. International Journal of Business Innovation and Research. 2009, 3 (2).

195. Sampson R. C. Organizational choice in R&D alliances: knowledge-based and transaction cost perspectives [J]. Management and Decision Economics. 2004, 25 (6-7).

196. Santoro M. D., Bierly P. E., Gopalakrishnan S. Organisational learning from external sources: new issues and performance implications [J]. International Journal of Technology Management. 2007, 38 (1-2).

197. Silipo D. B. Incentives and forms of cooperation in research and development [J]. Research in Economics. 2008, 62 (2).

198. Silipo D. B., Weiss A. Cooperation and competition in an R&D market with spillovers [J]. Research in Economics. 2005, 59 (1).

199. Smilor, Gibson. Technology Transfer inMuti-Organizational Environments: The Case of R&D Consortia [J]. Transactions on Engineering Management. 1991, 38 (1).

200. Soekijad M., Andriessen E. Conditions for knowledge sharing in competitive alliances [J]. European Management Journal. 2003, 21 (5).

201. Spanos Y. E., Prastacos G. P. The effects of environment, structure, and dynamic capabilities on product innovation strategy

[J]. International Journal of Entrepreneurship and Innovation Management. 2004, 4 (6).

202. Steurs G. Inter-industry R&D spillovers: what difference do they make? [J]. International Journal of Industrial Organization. 1995, 13 (2).

203. Suzumura. Cooperative and Noncooperative R&D in an Oligopoly with Spillovers [J], The American Economic Review. 1992, 82 (5).

204. Teece, David. The Competitive Challenge: Strateg and Organization of Industrial Innovation and Renewal (ed.) [M]. New-York: Harpor & Row, Ballinger Division, 1987.

205. Tesoriere A. A Further Note on Endogenous Spillovers in a Non-tournament R&D Duopoly [J]. Review of Industrial Organization. 2008, 33 (2).

206. Thorelli H. Net works : Bet ween Markets and Hierachies [J]. StrategicManagement Journal. 1986.

207. Todeva E., Knoke D. Strategic alliances and models of collaboration [J]. Management Decision. 2005, 43 (1).

208. Van Echtelt, Wynstra. Management Supplier Integration into Product Development: A Literature Review and Conceptual Model, IMP-2001 [C]. Conference the Future of Innovation Studies, Eindhoven Unversity of Techology, the Netherlands. 2001.

209. Veugelers, Kesteloot K. On the design of stable joint ventures [J]. European Economic Review, 1994, 38.

210. Vilasuso J., Frascatore M. R. Public policy and R&D when research joint ventures are costly [J]. Canadian Journal of Economics, 2000, 33 (3).

211. Vonortas N. Research joint venture in the US [J]. Re-

search Policy, 1997, 5 (26).

212. Walczak S. Organizational knowledge management structure [J]. The Learning Organization. 2005, 12 (4).

213. Walter A., Auer M., Gemunden H. G. The impact of personality, competence, and activities of academic entrepreneurs on technology transfer success [J]. International Journal of Entrepreneurship and Innovation Management. 2002, 2 (2-3).

214. Wang C., Zhao Z. Horizontal and vertical spillover effects of foreign direct investment in Chinese manufacturing [J]. Journal of Chinese Economic and Foreign Trade Studies, 2008, 1 (1).

215. Wang L., Wang X. A Study on the Guiding Mechanism for Enterprises' Cooperative R&D in Industrial Clusters [C]. Future Information Technology and Management Engineering, 2008.

216. Wu J., Callahan J. Motive, form and function of international R&D alliances: Evidence from the Chinese IT industry [J]. The Journal of High Technology Management Research. 2005, 16 (2).

217. Wynstra F, Axelsson B, Van Weele A. Driving and enabling factors for purchasing involvement in product development [J]. European Journal of Purchasing and Supply Management, 2000, 6 (2).

218. Wynstra, ten Pierick. Managing supplier involvement in new product development: a portfolio approach, 2000, (6).

219. Yang Q. Analysis of evolutionary game on " industry-university-institute" cooperation [C]. Proceedings of the 4th International Conference on Innovation and Management, 2007.

220. Yew S. L., Zhang J. Optimal social security in a dynastic model with human capital externalities, fertility and endogenous

growth [J]. Journal of Public Economics. 2009, 93 (3-4).

221. Zedtwitz M., Gassmann O. Market versus technology drive in R&D internationalization: four different patterns of managing research and development [J]. Research Policy, 2002, 31 (4).